大夏书系·学校领导力

任勇 著

Youxiu Xiaozhang
Qiaoqiao zai Zuode Naxie Shier

优秀校长悄悄在做的那些事儿

图书在版编目（CIP）数据

优秀校长悄悄在做的那些事儿/任勇著.—上海：华东师范大学出版社，2017
ISBN 978-7-5675-6392-6

Ⅰ.①优… Ⅱ.①任… Ⅲ.①中学—校长—学校管理—案例 Ⅳ.① G637.1

中国版本图书馆 CIP 数据核字（2017）第 073713 号

大夏书系·学校领导力

优秀校长悄悄在做的那些事儿

著　　者	任　勇
策划编辑	朱永通
审读编辑	齐风楠
封面设计	奇文云海·设计顾问
出版发行	华东师范大学出版社
社　　址	上海市中山北路 3663 号　邮编　200062
网　　址	www.ecnupress.com.cn
电　　话	021-60821666　行政传真　021-62572105
客服电话	021-62865537
邮购电话	021-62869887　地址　上海市中山北路 3663 号华东师范大学校内先锋路口
网　　店	http://hdsdcbs.tmall.com
印 刷 者	北京密兴印刷有限公司
开　　本	700×1000　16 开
插　　页	1
印　　张	14.5
字　　数	252 千字
版　　次	2017 年 8 月第一版
印　　次	2020 年 5 月第四次
印　　数	11 101-14 100
书　　号	ISBN 978-7-5675-6392-6/G·10309
定　　价	39.80 元
出 版 人	王　焰

（如发现本版图书有印订质量问题，请寄回本社市场部调换或电话 021-62865537 联系）

目 录

前言 | 想说的几句话 >>1

绪论 | 校长当"力"所能及 >>1

上 编　领而导之那些事儿

01 / 修炼领导力 >>3
02 / 修炼思考力 >>6
03 / 修炼创新力 >>9
04 / 修炼决策力 >>12
05 / 修炼激励力 >>15
06 / 修炼影响力 >>18
07 / 永怀理想的冲动 >>20
08 / 形成自己的思想 >>22
09 / 建立共同愿景 >>25
10 / 创建学校品牌 >>27
11 / 培育学校文化 >>30
12 / 学校内涵发展 >>34
13 / 建设学习型学校 >>37
14 / 进取无止境 >>41
15 / 持续"创特" >>43
16 / 深度反思 >>46
17 / 经常换位思考 >>48

18 / 课程领导 >> 51

19 / 为学有道 >> 54

20 / 班子"和而不同" >> 57

21 / 取势明道精术 >> 60

22 / 识才育才用才 >> 63

23 / 人格魅力修炼 >> 65

24 / 注意树立个人品牌 >> 67

25 / 促进教师发展 >> 69

26 / 励师"达标""超标" >> 74

27 / 励师步入新境 >> 77

中　编　管而理之那些事儿

01 / 修炼组织力 >> 81

02 / 修炼经营力 >> 84

03 / 修炼沟通力 >> 86

04 / 修炼智慧力 >> 89

05 / 修炼执行力 >> 91

06 / 修炼应变力 >> 94

07 / 常规管理探新 >> 96

08 / 精细化管理 >> 98

09 / 学校文化管理 >> 100

10 / 学校价值管理 >> 103

11 / 学校人性管理 >> 105

12 / 学校激励管理 >> 107

13 / 学校情感管理 >> 112

14 / 学校团队管理 >> 114

15 / 做服务型领导 >> 116

16 / 管好后勤 >> 118

17 / 信息化引领 >> 120
18 / 巧借"他山之石" >> 123
19 / 调适外部环境 >> 125
20 / 质量第一 >> 128
21 / 善于抓住机遇 >> 130
22 / 无为而治 >> 132
23 / 为教师减压 >> 134
24 / 校园建设追求"境筑" >> 138
25 / 保持危机意识 >> 142
26 / 安全管理重在预防 >> 144

下 编 教而育之那些事儿

01 / 修炼文化力 >> 151
02 / 修炼道德力 >> 153
03 / 修炼学习力 >> 155
04 / 修炼研究力 >> 157
05 / 修炼指导力 >> 160
06 / 修炼学科力 >> 162
07 / 拥有教育家情怀 >> 165
08 / 激情工作 >> 167
09 / 尊重师生 >> 169
10 / 大道至简 >> 171
11 / 有"情趣" >> 173
12 / 适度钝感 >> 175
13 / 提升心理素质 >> 177
14 / 练就语言魅力 >> 179
15 / 让教师静心工作 >> 181
16 / 让学生灵性生长 >> 184

17 / 让学生优雅 >> 186

18 / 把握现代德育走势 >> 189

19 / 深入课堂 >> 193

20 / 重视"心育" >> 196

21 / 理性抓好艺术教育 >> 199

22 / 体育教师发展思探 >> 204

23 / 献计高考、中考 >> 207

24 / 指导学科竞赛 >> 211

25 / 忙闲有道 >> 215

主要参考文献 >> 219

前言：想说的几句话

1. "大夏书系"出版了我写的《优秀教师悄悄在做的那些事儿》一书，没想到这本书连续印了8次，十分畅销。由于我在厦门最好的两所中学当了多年的校领导，就很自然地想到也写一本类似的给校长看的书。

2. "成功的人，只比你多做了一点点。"其实，优秀校长也一样，他们或许也只是比别人"多做了一点点"。1.01 的 365 次方约等于 37.8，1 的 365 次方等于 1，0.99 的 365 次方约等于 0.03，可见"一点点"的持续量变是巨大的。

3. 的确，优秀校长为成长、成才、成功而奋斗有许多做法，诸如爱岗敬业等。但还有一些优秀校长不说却在悄悄做事。这些不说的事，往往是其优秀的真谛。

4. 应该说，这些事在表彰会上不好说，在公开场合没有说，我试图把这些悄悄做的事写出来。你看"注意树立个人品牌""适度钝感"等，在台面上真不好说；还有"忙闲有道""永怀理想的冲动"等，也不好说。

5. 虽说是优秀校长"悄悄在做的事"，其实有些事也未必都是"悄悄在做"，不少校长也在"公开地做"，只是优秀校长做得更精致些。我把这些事写出来，是想让校长们更加重视这些事。

6. 有些事相对大些，如"修炼领导力""校有愿景"等；有些事相对小些，如"有'情趣'""班子'和而不同'"等。有些事，一写下去感到有内容，就写得长了些；有些事，一看标题就能明了，就写得短些。

7. 本书是写优秀校长所做的事，也把我自己所做的一些事写进去了，我算优秀吗？不好意思，读者看下我的简介，容我"优秀"一回吧。我所做的事，是我担任厦门第一中学和厦门双十中学校长时做的那些事。

8. 读者读完此书后，完全可以"头脑风暴"一番，探寻一下优秀校长还有哪些悄悄在做的事，比如"家校社共育""家访教师""要事第一""适度张扬个性"等等。多探"一事"，多获"一得"。

9. 这些年我写了些学校发展和校长成长方面的书和文章，如《好学校之境》《为发展而教育》等书和《人民教育》《福建教育》等刊物上的文章，为了丰实这本书的内容，书中引用了一小部分自己以前的成果。

10. 书中将校长之事分成领导、管理和教育三类，这些事往往是交融的，因此分类也是"大致"的，未必合理，只是想给校长一个"可视"的路径。文与文之间，也有小部分"话语"重复，是想从不同角度去强调。

11. "优于别人，并不高贵。真正的高贵应该是优于过去的自己。"看完此书，立即行动，选优秀校长所做的一两件事认真去做，你就能"优于过去的自己"，你将跟他们一样优秀。

12. 感谢华东师范大学出版社，感谢"大夏书系"，感谢朱永通编辑，你们将"优秀校长悄悄在做的那些事儿"分享给大家，你们让更多的校长悟出优秀之道，渐入优秀之境。

任 勇

ren.yong@163.com

2017年6月9日

绪论：校长当"力"所能及

说到"校长"，我们可以读到许多"名人名言"。陶行知先生曾经说过："校长是学校的灵魂，要想评论一个学校，先要评论它的校长。""国家把整个的学校交给你，要你用整个的心去做整个的校长。"苏霍姆林斯基曾说："领导学校，首先是教育思想上的领导，其次才是行政上的领导。"柳斌曾指出："我们应当认识、理解并牢记这样一句话：一个好校长就是一所好学校。"

通用电器前总裁杰克·韦尔奇就曾语重心长地告诫他的管理者："别再沉湎于管理了，赶紧领导吧！"

新加坡中小学实行校长委任制度，委任状上写着："在你的手中是许许多多正在成长中的生命，每一个都如此不同，每一个都如此重要，全部对未来充满着憧憬和梦想，他们都依赖你的指引、塑造及培育，才能成为最好的个人和有用的公民。"在新加坡政府的眼里，校长在很大程度上决定着学校的发展方向。

从上面的文字中，我们不难得出"校长是一个领导者"。

偌大一个学校，如何把它的各种资源，即人力、物力、财力、信息、时间、空间等要素组织起来，处理好学校内外的各种关系，经过教育教学过程，为社会培养人才？这就需要校长"管而理之"。

管，就是运用一定的原理、方法和手段，通过一系列活动，调动组织成员协调行动，合理利用各种资源，有效地实现组织目标的过程。校长之"管"，不能放任自流，不能只布置不落实，不能做做样子，要一管到底，管出成效，管到位。

学校发展涉及问题多，有政策、师资、经费问题，有课程、教材、教法问题,有学生、学习、评价问题,有知识、能力、情感态度价值观问题,有反思、总结、创新问题等等,校长就应该和同仁一起"理"——"理"出头绪,"理"出层次,"理"出有效的运行机制。校长理应是"一个管理者"。

苏霍姆林斯基在一所乡村中学任校长期间,曾发生过这样一件事。校园的花房里开出了一朵很大的玫瑰花,全校的同学从没见过这样大的玫瑰花,都赶来看,纷纷称赞不已。有一天早晨,他正在花园里散步,看到幼儿园的一个小朋友跑过来把那朵玫瑰花摘下来,拿在手里往外走。他很想知道这个小女孩为什么摘那朵玫瑰花,就弯下腰,亲切地问:"小朋友,你为什么要摘那朵玫瑰花呢?"小女孩很认真地回答:"我奶奶病了,病得很重,我告诉她学校里开了这么大的玫瑰花,她不相信,我摘下来拿回去让她看看,看完就送回来。"听了孩子天真的回答,他的心被震撼了,就牵着小女孩到花房里又摘了两朵大玫瑰花,对小女孩说:"这两朵玫瑰花,一朵是奖励你的,因为你是一个有爱心的孩子,另一朵是送给你妈妈的,因为她养育了一个你这样的好孩子。"

这就是教育,这就是"有温度的教育",校长所从事的工作是"教育工作",校长更应是一个"教育者"。

校长之于一所学校而言,是领导者、管理者和教育者,校长是集领导者、管理者和教育者于一身的专业人士。这"三者"不是分离的,而是"水乳交融"的。领导之于管理,有一种登高远望的视角和谋划;领导之于教育,有一种教育价值的追求和引领。管理之于领导,有一种理念融入的落实和运行;管理之于教育,有一种教育规律的体现和构建。教育之于领导,有一种教育良知的坚持和守望;教育之于管理,有一种教育本真的遵循和践行。

一所学校发展得如何,在很大程度上取决于校长的能力,即校长力。校长力不是天生就有的,校长力是可以培养的,校长力的提升在于不断修炼。

校长作为领导者,应修何"力"?

依我之见,需要修领导力、思考力、创新力、决策力、激励力和影响力。

作为领导者,校长就像一个指挥家,引领一个团队充满激情地为共同愿景而奋斗,仰望星空谋发展,解决"做什么"以及"为什么这么做"的问题,努力去"做正确的事",这就需要校长有领导力。

作为领导者,校长应是一个思考者,思考孕育思路,思路决定出路。带着思考,才能理性地、智慧地、创新地工作,一个具备"远"思的教育领导者,才能引领学校科学发展,这就需要校长有思考力。

创新是学校发展永恒的主题，作为领导者的校长就要具有突破传统的勇气和不断开拓的精神，常怀创新之心，常谋创新之举，唯有这样，学校才能不断适应时代发展的新要求，不断跃上新的发展平台，这就需要校长有创新力。

在学校发展中，决策是作为领导者的校长的一项重要的长期性的工作。对校长而言，决策的成功是最大的成功，决策的失败是最大的失败。校长要科学决策，把握学校发展的大方向，不断提升自己的决策力。

在领导工作中，激励是一种重要的方法，目的在于结合人力，运用技术，统一组织意志，使组织成员心情舒畅，从而实现组织目标。领导者的责任，就是激励别人做得更好，就是调动人的热情和积极性，可见校长当修激励力。

校长的领导风格和言谈举止，对教职工、学生、家长、校友都会有较大的影响，这种影响是可以从心理到行为的，这种影响对于校长完成工作任务、实现领导职能具有十分重要的意义，因此影响力也是校长作为领导者的必修之力。

校长作为管理者，应修何"力"？

依我之见，需要修组织力、经营力、沟通力、智慧力、执行力和应变力。

学校管理中，很重要的一点就是思考怎样把各种资源整合起来，怎样把各方力量聚集起来，怎样把"学校人""社会人""家庭人"联合起来。"三个起来"其实就是"组织起来"，这就要求作为管理者的校长具备良好的组织力。

学校经营，广义是指策划、营谋学校的发展。它要求学校管理者对学校的未来发展作战略性、前瞻性、长远性、全局性的思考与策划，描绘学校发展蓝图。学校经营是个新课题，校长要学会经营学校，就要修炼经营力。

校长要管理好一所学校，就离不开有效沟通。有效沟通是校长实现学校文化管理、实现学校和谐发展的重要途径。沟通让管理更顺畅，沟通让校长更有"人情味"，沟通力是校长作为管理者应该具备的重要能力。

管理是需要智慧的，而认识、把握和运用智慧的能力就是智慧力。有智慧，就能提升精神的高度、保持思维的深度、拓展知识的广度、具备透视的远度、追求探索的精度、改变眼界的角度，校长的智慧力是可以修炼的。

执行力指的是贯彻战略意图，完成预定目标的操作能力。校长执行力是达成学校战略和规划的能力。执行力不仅仅是教职员工的事，也是作为管理者的校长"真抓实干""落实到位"的一种能力，执行力是校长必修的能力之一。

学校发展面临诸多挑战和难题，校长更是经常要面对一些突发事件，如何迎接挑战，化解难题，面对突发事件作出快速果断的反应，面对复杂问题善于变通，面对棘手问题灵活处置，这些就考验着校长的应变力。

校长作为教育者，应修何"力"？

依我之见，需要修文化力、道德力、学习力、研究力、指导力和学科力。

文化是一个内涵相当丰富的多维概念，人们可以从不同角度、不同层面、不同维度、不同理论出发去界定文化的内涵。文化具有巨大的"力"，文化力是软实力的核心，校长是教育者也是文化人，校长需要文化之"力"。

百度一下"道德"："道"乃人对世界本原的看法，而"德"则是人的处世准则。广而言之，校长的形象、口碑、为人、处世、人格、进取心、精神状态、文明素养等都属"德"的范畴。作为教育者的校长，其"德"当"高一等"。

学习是一种求知方法，学习是一种增智途径，学习是一种终身任务，学习是一种精神追求，学习是一种生存方式。只有学得好，才能干得好。教育之道，学无止境。"教育者"不学习怎么"教育"？校长要广学之、深学之、善学之。

校长之思之行，要和"学""研"结合起来，要在"思"的基础上进行"研"，"研"的境界是高于"思"的。研究，让校长以全新的眼光审视教育问题，以独特的视角透视教育现象，以理性的探索践行教育工作。

指导力，在这里是指教学指导力。校长曾经是首席教师，校长的"师者之师"角色的回归，才能使校长真正指向角色的中心——课程与教学，才能领而导之。作为教育者的校长，一定要努力提升自己的教学指导力。

作为教育者的校长，应力争成为学科教育专家。校长对自己所从事的学科领域，有深入而精深的研究，有较高的学识水平，有较强的研究能力，有坚实的理论功底，有丰富的教育经验，有创造性的研究成果，因之才可以成为一名学科教育专家。

必须说明的是，这只是一个大致的划分，未必都合理。"力"与"力"之间，在内容上也会有部分重叠。这里只是想从三个方面分别来研究相应的"力"，试图给校长一个相对"可视"的"力"，期盼校长"力"所能及。

当校长很不容易，还要修炼那么多的"力"，这考验着校长的勇气、坚守和境界。为了成为一名走向卓越的校长，似可从修炼"校长力"开始。

上 编

领而导之那些事儿

>>> 01 >> 修炼领导力

领导，是领导者为实现组织的目标而运用权力向其下属施加影响力的一种行为或行为过程。校长领导力，是指校长在引领学校教职员工和学校利益相关者制定学校发展目标，以及引领他们实现预定目标的过程中，所体现出来的影响力。

值得说明的是，关于领导和校长领导力有多种界定，我们在这里采纳了其中的一种，即我们这里把校长力理解为校长综合素质和能力的体现，把校长领导力理解为校长作为领导者的一种能力。美国领导学新著《身在高层》一书的作者认为："管理者和领导者是截然不同的……管理是'怎么去做'的问题，而领导则是'做什么'以及'为什么这么做'的问题。"可见，作为管理型的领导者和作为领导型的管理者是截然不同的。

作为学校领导型的管理者，应该是学校发展方向的指引者，发展目标的筹划者，学校成员信念、态度和价值观的引领者，赋予教师应有的权力，通过协商与支持，与教师共同作出关于学校发展的重大决定。校长的工作中心在于形成共同的理想和一致的力量，促进学校的变革与创新。学校要发展，需要这种抓大事、有远见、重创新、讲民主的校长。

校长要修炼领导力，指的就是要做这种领导型的管理者。这种"领导"，体现在校长的思想领导、战略领导、团队领导、行政领导、文化领导、课程领导、教学领导、教研领导等方面。

校长的思想领导。苏霍姆林斯基的名言"领导学校，首先是教育思想上的领导，其次才是行政上的领导"被广为传颂。教育需要思想，"思想有多远，我们就能走多远"。作为校长，其教育思想是一所学校的灵魂。校长要善于把自己的教育思想体现在办学的目标中，落实在管理行为过程中。

校长的战略领导。一个有领导力的校长，需要具备战略眼光，能站在时代发展的前沿，全面审视基于社会变革背景下的学校内外部环境，思考并回应"学校现在处于什么位置？""学校要向何处去？""学校的哪些行动能帮助我们达到愿景?"等问题,对学校的未来发展,作全局性、长期性、层次性、稳定性、风险性和适应性的谋划。

校长的团队领导。学校层级大致可分为领导层(校领导)、管理层(中层干部)和执行层(年级组、教研组和教师)。学校的每一个层级就是一个团队,每一个团队都有各自不可替代的作用。校长处于层级的顶端,就要建设一个凝聚力强的领导团队,组建一个强有力的管理团队,培养一支高效的教师队伍,实现有效的团队管理。

校长的行政领导。校长实施行政工作,主要是通过制定制度来进行的。哈佛大学的成功,主要是形成了一种明确的办学理念,一套系统的制度和机制,即使没有校长,哈佛一样可以正常运转。"没有规矩,不成方圆。"校长就要制定经过民主决定,体现促进学生健康成长、引领教师自主发展、促进学校正常运行和持续发展的制度。

校长的文化领导。校长领导一般要经过三个阶段,一是个人领导,通过校长的个人魅力影响学校发展;二是制度领导,通过制度来实现校长的领导;三是文化领导,通过营造学校文化,以文化的力量领导学校发展。学校文化是棵生命树,是一所学校生生不息、薪火相传、走向成熟的最肥沃的土壤,是学校的灵魂。

校长的课程领导。课程建设是学校的核心发展力,随着国家课程权力的不断下放,校长要狠抓课程领导,才能保证课程改革健康全面地推进。校长要善于把握师生在课程开发中的需求,尽可能多地为课程开发的组织实施拓展空间,组织力量对课程的组织实施进行科学规划,制订明确的实施计划,并真正使之落实到位。

校长的教学领导。教学是体现教育活动本质特征的最基本活动,是学校的中心工作。学校设置的课程一般要通过教学才能达成,课程与教学是不可分割的,是相互衔接的一个整体。校长在进行课程领导时,必然要进行教学领导:指明教学活动方向,提出教学发展愿景,探索高效教学策略,指导教学改革实验等。

校长的教研领导。教育改革与发展是在研究中进行的,没有研究视野,研究思维就窄小,没有研究思维,研究行为就搁浅,就不知道该"破"什么、该"立"什么,就无法领导学校进行真正意义上的教育教学改革。开展教育科研是教育内涵发展之所需,是学校持续发展之所需,是教师专业发展之所需,由此看,校长的教研领导是不可或缺的。

作为领导者的校长要避免步入"领导误区"。一是权力至上，过分依赖个人权力，导致与其他校领导、中层干部、教师之间关系不和谐，甚至出现滥用职权的不良现象，严重损害了自身的形象；二是抓小放大，埋头苦干，事无巨细样样抓，其结果是小事抓不好、大事抓不住；三是事必躬亲，事事都"躬亲"，却管不过来，久而久之学校管理将日趋混乱。

校长修炼领导力，一是选读"领导学"方面的书，获取宏观的"领导"理论知识；二是研读"教育领导学"方面的书，领悟"教育领导"真经；三是养成"前沿思维"习惯，关注教育发展趋势；四是学习优秀校长的"领导之道"，因为"它山之石，可以攻玉"；五是反思自己的"领导"，在反思中丰富提升自己的"领导"经验。

>>> 02 >> 修炼思考力

思考，是思维的一种探索活动。思考力，则是在思维过程中产生的一种具有积极性和创造性的作用力。校长思考力，是指校长在思考学校发展的过程中产生的一种具有积极性和创造性的作用力。

荀子在《劝学》中说："思索以通之。"此言精辟！

凡事皆宜思。带着思考去学习，学思结合悟新知；带着思考来工作，思行结合见成效；带着思考谋发展，前行步入黄金道。

先说"带着思考去学习"。

原国家总督学柳斌在"未来教育家"论坛上的演讲中指出：现在教育模式最大的弊病就在于不是学"问"，而是学"答"。一个人、几个人不会思考，可能不会影响全局，如果一代人、一个民族缺乏思考能力，那就只能落后挨打。

"学而不思则罔，思而不学则殆。"学习，贵在思考。

带着思考去学习，才能训练辩证思维。

现在可读的教育书籍非常多，教育问题往往是处在两难抉择中，不带着问题去学习，就很可能接受某些过激的观点，或沿袭某些陈旧的教育观点。只有带着思考去学习，才能逐步形成自己对教育问题的思考和判断。

带着思考去学习，才能领悟真经。

思考，是对学到的知识进行归纳、提炼、消化和吸收的过程。无论是书本上的知识、实践中的体验，还是其他人的经验，要转化为自己的能力和本领，都离不开自己的领悟和思考。思考得越深，消化吸收得就越多，能力提高得就越快。

对于教育教学问题，校长一定要用心思考，多问几个为什么，多换几个角度，多分析几种情况，多思考几种思路，多探索几种办法，形成独立的思考和见解，站得高一点，看得远一点，想得深一点，力求把实践经验转变为自己的思想、观点和思路。

带着思考去学习，才能见解独到。

用"活性的大脑"从思考的视角去学习,就能看到问题,更能对问题有独到的见解。当明显的问题一闪而过时,我们往往能敏锐地捕捉到要研究的问题,比如看一本书、听一次报告或与人偶尔的交谈等,都很有可能与我们所从事的工作或研究相联系,从而帮助我们找到新的探索点。当问题比较"隐蔽"时,我们也往往能从多个角度入手,将"隐蔽"的问题变成"看得见"的可以去研究的新问题。

次说"带着思考来工作"。

一个人没有技能,可以拜师学艺;一个人没有知识,可以求学问道;一个人没有金钱,可以筹借贷款……但一个人如果没有思考,一切就无从谈起。换个角度思考,就能换来一片新天地。让我们用思考去面对工作,去解决工作中面临的问题。

带着思考来工作是一种理性的工作状态。

校长每天都要面对错综复杂的教育教学问题,对各种问题都要思考破解之策或应对之道,有思考就能以积极的心态和理性的视角去迎接挑战。

带着思考来工作是一种智慧的工作状态。

工作要讲究智慧,教育更是一项充满智慧的工作。只有带着思考面对教育工作,才能有智慧地开展教育工作。

高考管理,够复杂了吧。我们经过研究分析认为:高考的情况是由多种因素组成的,只有当高考这个系统中的若干个子因素都处在最优状态时,高考时才能达到最优。而这些子因素至少涉及宏观管理、目标管理、教育管理、教学管理、资料管理、学生管理、教师管理、家长管理、过程管理、信息管理。于是我们就围绕这些因素开展研究,进行了有益的探索,使迎考更科学、有序、最优、人性,取得了可喜的成效。

带着思考来工作是一种创造的工作状态。

有人问牛顿:"你怎样发现了万有引力?"他回答说:"我一直在想,想……"创造性的工作源于思考。科学研究如此,教育工作亦然。

再说"带着思考谋发展"。

思考孕育思路,思路决定出路,只有想到才能做到。一个具备"远"思的教育领导者,必定有清晰的教育发展思路,这样才能引领学校科学发展,并带领大家克服困难,实现学校或整体转型,或"洼地崛起",或特色凸显,或品牌营创。

校长要在总结过去的经验教训的基础上,打开自己的思路,或系统思考,或辩证思考，或换位思考，或超前思考，或创新思考，不放过每一个对学校发展有利的条件和机会，统整资源，独辟蹊径，这样就能带领学校步入新境，领导学校跃上更高更新的发展平台。

修炼校长思考力，一是学点哲学，提高哲学素养；二是选读"思维学"方面的书，掌握一些思维路径；三是养成"谋而后动"的工作习惯，避免"无谋而动"；四是学习先进教育理念，为广思、善思、细思、深思、反思作积累；五是在实践中探索，实践探索往往是最有效的思考力修炼方式。

>>> 03 >> 修炼创新力

创新，就是利用已存在的自然资源创造新事物的一种手段。创新力，是指创造新事物的能力。校长创新力，是指校长在学校发展的各个方面体现出的新理念、新思路、新举措、新观点、新方法、新创意的能力。

刘彭芝说："一个好校长，必须是一个富有创新精神和创新能力的校长。"时代呼唤创新型校长，一个具有创新精神和创新能力的校长，必然会带出一个生机勃勃、充满活力的学校。"教育恒久远，创新每一天。"校长只有常怀一颗创新的心，才能在学校发展过程中，时时创新，事事创新。创新，就是早走一步，快走一步，再走一步。

创新，是学校发展与进步的永恒主题，是学校发展的不竭动力。学校是在创新中产生活力的，学校也是在创新中发展壮大的。学校创新似可从观念创新、管理创新、德育创新、教学创新和服务创新入手，力争创建一个创新的学校。

观念创新——理念出新，一新俱新。

观念创新是教育创新的前提，只有有了创新的意识，才能产生创新的行动。一所学校，只有产生强烈的创新意识，才能形成创新动机，创新欲望，从而形成一种创新内驱力，自觉地调节办学的行为。学校应树立以下几种新的教育观：全新的学校功能观（面向全体的大众教育，促进学生社会化的教育，为终身教育打基础的教育），全新的学校管理观（坚持方向性的管理原则，确立以人为本的管理取向，树立民主化的管理观念，建立科学化的管理机制，形成个性化的管理模式），全新的教育教学观，复合型的教师观，全面发展的学生观。

管理创新——管而理之寻新境。

学校要发展，就需要管理创新。所谓管理创新，就是为了培养创新人才而对学校管理进行创造性的变革，也就是学校领导者在创新理念指导下，创造性地采用新的手段措施，对管理要素进行扩展更新和优化组合，以形成新的格局，产生新的管理效果，从而更好地培养创新人才的活动。学校必须改变管理中诸多因循守旧的现象，尽早结束学校管理中影响发展的墨守成规的做法，否则就会缺乏发展动力，就会失去发展机遇。

德育创新——追求理想的育人之境。

德育创新，既是德育实践的创新，又是德育理论的创新。德育创新的根本目的是培育时代需求的有创新能力的德育主体，德育创新不是对道德传统和德育传统的摒弃，也不是盲目地提出某种新目标和新要求，而是立足现实，在分析总结历史经验的前提下，根据时代的发展趋势和现实要求，进行合理的理论构建和实践指导。德育工作，从一致走向差异、从共性走向个性、从育形走向育心、从有形走向无形、从理性走向感性、从封闭走向开放、从他主走向自主、从发话走向对话、从专管走向共育、从讲台走向平台，就是一种德育创新。

教学创新——以智慧点燃创新火花。

应该把创新教育的重点放在教学思想、教学形式、教学内容和教学方法这一层面上，通过教学创新活动，培养学生的创新意识和实践能力。创新教学，相对于传统教学而言，是一种尊重学生的主体地位，指导学生参与教学过程，让每个学生有所发现、有所发展的教学。比如"预设"与"生成"，就必须在"预设"上创新，在"生成"上也创新。课堂需要预设，没有预设的课堂是不负责任的课堂，但仅有预设是不够的；课堂同样需要生成，没有生成的课堂是不精彩的课堂，有生成的课堂充满了生命活力。

服务创新——学校就是我的家。

重管理、轻服务，是我国中小学教育管理上的一大弊端。从立足于管理到着眼于服务，是创新教育管理功能的重要转变。肖川先生在其《教育的理想与信念》一书中有"教育就是服务"一节，把"服务"之于教育的内涵、外延说得甚透，他说："教育就是服务"落到实处之日，便是教育春天真正到来之时。比如做服务型的领导，管理者成为服务型领导，既是密切联系群众、完善自我形象的重要方式，又是协调人际关系、提高管理效能的重要途径。

创新实践是值得鼓励和提倡的，但是在现实的学校创新实践中，存在许多名为创新实际却没有意义的行为，也许这些学校的动机是谋求真正的创新，但在实际的操作过程中背离了创新的本质。学校发展中，要谨防那些纯粹为了改变而改变、盲目改变、有名无实、生搬硬套的创新误区。这些"误区"具体有：创新"不容失败"，创新中的"跟风"，搞"花架子式"的"假大空"的创新，"速成化"的创新，"数量化"的创新，"口号化"的创新，"非人性化"的创新等。

校长创新力的修炼，一是要有创新意识，以一种"永不满足"之心对待学校工作；二是敢于打破常规思维，在理性思辨和善于怀疑中出新；三是广学他人创新之举，深刻领悟其创新本源；四是营创学校创新氛围，全体"学校人"在创新中共成长；五是要从创意走向创新，因为创新离不开好的创意。

>>> 04 >> 修炼决策力

决策,是人们为了实现某种预定目标,对未来一定时期内有关活动的方向、内容及方式的选择或调整的过程。校长决策力是指校长在领导和管理学校的过程中,对学校需要解决的问题进行分析、判断,制定可行性方案,并从备选方案中选择最优解决方案的能力。

校长决策的基本原则是:掌握信息原则——缺少信息,决策就失去依据;区分优先原则——根据重要程度、隶属关系和紧急程度按序决策;民主性原则——"合谋共断",科学决策;满意原则——两利相权取其大,两弊相权取其小;整体效用原则——把整体效益放在首位;集体决策和个人决策相结合原则——避免"无谋独断";经验决策和科学决策相结合原则——两种决策各有其长,结合用之最有效。

校长决策的一般程序是:发现问题→确定目标→拟订方案→分析评估→方案优选→方案实施→追踪决策。校长决策时要注意的事项有:保证决策目标的清晰性;考虑决策的可执行性;提高决策的认同度;对决策随时进行调整。

杨小微教授在谈到"学校决策的基本要求"时,认为要尊重决策的科学性、倡导决策的民主性和期待决策的生成性。

先说"尊重决策的科学性"。任何决策都具有预见性、选择性和主观性等特点,都是由人的主观意志对客观存在的可能进行选择,且这种选择又是立足于现实并面向未来的,具有不可知性。准确地筹划未来不可知的事情,就要求凭借现有的知识经验,进行科学的预测。要使学校决策科学化,第一,要建立合理的决策体制,合理地分配决策权力;第二,要有健全的决策程序;第三,要提高决策者的综合素质;第四,要完善信息系统;第五,要借助第三方力量参与决策。

次说"倡导决策的民主性"。决策民主性具体表现为决策过程中的知情、参与和多主体的共同决策。知情权的享有是衡量学校具有民主氛围的重要标志,是对学校成员平等权利的尊重,也是推进参与性决策的前提。参与性决策的积极意义在于大家都能够参与决策,能够畅所欲言,在互相倾听的过程中反思与讨论、交流与分享,更容易接纳、理解决策并乐于执行决策。多主体参与下的共同决策,不仅是复杂多变决策条件下对每个成员有限理性的弥补,更有利于在交流碰撞中激活成员智慧,生成新的管理创意,并形成和谐的团队氛围。

再说"期待决策的生成性"。学校变革与发展过程中,问题是不断生成的,解决一个问题往往会生出更多的问题,这样一来,原有的决策方案可能无法实现期待中的目的,或者方案中的原定目标在新形势下需要作出调整甚至重新决策。所以在变革时代,学校的发展决策应有足够的生成空间。

校长的决策艺术要做到"五求"。"问题求明",即全面弄清决策对象的情况,这是正确决策的重要前提;"导向求准",即决策总是为了解决问题而进行的选择,恰当的选择要有一个准确的导向作基础;"纳谏求真",即广泛征求学校成员意见或建议,注意提炼怨言、筛选众言、善识逸言,以求真言;"情绪求稳",即在决策的过程中始终保持头脑清醒,不断进行自我调适和自我控制,求得情绪的平衡和稳定;"目光求远",即在决策时一定要有战略眼光,能高瞻远瞩,做到"远谋"。

在学校的实际管理中,校长的决策方式不是唯一的,大致可分五种。一是校长根据自己已有的知识、能力、信息和经验,自己作出决策;二是由下属提供必要的信息,然后校长自己作出决策;三是以个别接触的方式,让下属知道问题,并听取他们的意见或建议,随后由校长作出决策;四是让下属集体理解问题,集体提出意见或建议,随后由校长作出决策;五是让下属集体知道问题并一起提出和评价可供选择的方案,争取获得解决问题的一致意见。从学校成员参与度来说,第一种方式是最低的,不能保障决策公平,但决策效率高。第五种学校成员参与度最高,保障了决策公平,但效率不高,有可能贻误最佳决策时机。由此可知,"合谋共断"还须把握好"度"。

一般说来,校长在决策过程中,要根据具体的决策问题灵活把握学校成员参与决策的广度和深度。对于紧急的决策问题,效率是第一位的,学校成员参与的程度低些为好;对于一些涉及学校成员切身利益的决策问题,公平是第一位的,学校成员参与的程度越高越好。从这个角度分析,非紧急决策考验着校长"合谋共断"的艺术;紧急决策考验着校长"独谋善断"的能力。

校长修炼决策力,一是加强对政策的解读,既不随心所欲又不逾越规矩进行决策；二是坚守正确的教育价值观，最大限度地考虑决策的育人效果和遵循教育规律；三是把握大局，从战略高度、多维角度作出重大决策；四是抓住关键问题，找准切入点及时作出决策；五是注意调查研究了解实情，避免因信息不对称而造成决策失误。

>>> 05 >> 修炼激励力

激励,是一种精神力量或状态,它对教师的行为产生激发、推动、加强的作用,并且指导和引导行为指向目标。校长激励力,是指校长激发和鼓励教师为实现学校愿景而积极工作和学习的程度与力度。

激励,就是激发鼓励,就是调动人的热情和积极性。教师一旦受到激励,其育人境界就得以提升,其教学水平就得以提高,其内在潜能就得以发挥,其成长动力就得以激活。

校长激励是一门实践艺术,在实践激励中,校长只有充分调动教师的积极性,才能顺利实现学校发展目标。校长激励的原则是:了解教师的心理需求和人格类型的原则;正确地分析教师的行为动机的原则;满足教师的外在(工资、奖金等)需求的原则;注重教师的内在(工作、学习等)需求的原则;采取合理的激励措施的原则;贯彻人尽其责的原则;实现公平公正的原则等。

校长激励的具体方法有目标激励、参与激励、工作激励、榜样激励、发展激励、数据激励、关怀激励、奖励激励、荣誉激励、支持激励等。

目标激励。目标就是教师通过努力所要达到的满足需要的预期结果,目标激励就是把大、中、小和远、中、近的目标相结合,使教师在工作中时刻把自己的行为与这些目标紧密联系在一起。一个振奋人心、切实可行的目标,可以起到鼓舞士气、激励教师的作用。目标激励是所有其他激励方法的基础,因为所有的激励方法都是为既定目标服务的。

参与激励。教师参与决策和管理,是指在不同程度上让教师参加研究和讨论学校决策及各级管理工作,是兼顾教师各种需求和学校发展要求的基本方法。这种方法能使教师体验到自己利益与学校发展是密切相关的,能发挥教师的聪明才智,这样既能对教师产生激励,又会调动教师的积极性,为学校目标的成功实现提供有力保证。

工作激励。工作可以是丰富多彩的,工作可以是充满乐趣的,工作也是可以是具有创造性和挑战性的，工作当是体现价值的。工作的报酬可以是工作本身，校长要给教师委以恰当的工作（这个工作可以是常态的，也可以是扩大的），以求激发教师的工作热情。

榜样激励。榜样是一种力量，彰显进步；榜样是一面旗帜，鼓舞斗志；榜样是一座灯塔，指引方向。校长要充分认识到"榜样的力量是无穷的"，校长要及时发现榜样，营创榜样示范效应，通过树立榜样来激励教师。学校里的榜样人物，是教师学习的楷模。

发展激励。校长要为每一位教师创设发展平台，也就是说学校要尽可能提供给教师发展个人愿景的空间，这能使教师的创造力、自我实现的奉献精神处于最佳状态。在学校，什么对教师最具吸引力？我以为是"发展机会"。校长要为教师发展创造机会，使教师的热情高涨，以"发展"砥砺教师不断步入新境。

数据激励。运用数据显示成绩，能更有可比性和说服力地激励教师进取。在信息时代，校长要善于用好数据、用足数据、用活数据，让数据"说话"。对能够定量显示的各种指标，学校要进行定量考核，并公布考核结果，这样可以使教师明确自己的位置，优秀者受到称赞，再接再厉；落后者有紧迫感，当迎头赶上。

关怀激励。感情投资是创造"人和"局面的一种方法，拥有"人和"，你将会拥有一切。校长的关怀激励，滋润着教师人心，体现出校长是一个富有人情味的领导者，能激发教师的奉献精神。这种关怀，可以是为教师庆祝生日，可以是留心教师的身体状况，可以是关心教师的生活，可以是注意欢迎或送别教师，甚至可以是一次教师意想不到的家访。

奖励激励。奖励就是对人们的某种行为给予肯定和奖赏，使这种行为得以巩固和发展。奖励分为物质奖励和精神奖励。有研究表明，人的自身能力的发挥，在无奖励状态下只能发挥10%～30%、有物质奖励能发挥50%～80%、有精神奖励能发挥80%～100%。因此，校长对奖励要"两手抓"，同时奖励方式要适时创新，让激励更长久、更强大。

荣誉激励。校长通过给予集体荣誉，培养教师为自己能在这样优秀的学校、先进的集体工作而为荣为傲，从而形成一种自觉维护集体荣誉的力量。校长要善于发现和挖掘学校、教师团队的优势，提炼学校和教师团队特色，不时传播"我们是很棒的""我们在某方面特色凸显"，激励教师为荣誉而战。

支持激励。校长要积极支持教师的新想法、新创举、新探索，这种"支持"

表现为：尊重教师的人格、尊严和创新精神；信任教师，放手让他们大胆去做；教师在工作中遇到困难时，要主动为其排忧解难；对教师的工作差错，校长要主动揽过，尤其对教学改革中出现的偏差要"宽容对待"。

倘若我们的学校能形成良好的激励机制，能营造和谐的激励文化，就能让更多的教师渐入激励的最高境界——自我激励，"不待扬鞭自奋蹄"，自动自发，永不止步。

校长激励力的修炼，一是要有强烈的激励意识，切记"学校发展离不开激励"；二是用心学习激励理论，不同的激励理论能给校长带来不同的启发；三是了解教师心理，激励要"因人而异"；四是中小学校长在工作中要充满激情，因为激励需要激情；五是校长也要积极激励自己，"校长激己"就会有效地引领教师"自我激励"。

>>> 06 >> 修炼影响力

影响，就是对别人的思想或行动起作用。校长影响力，是指校长在与教师、学生、家长、校友等的交往过程中，影响和改变他们心理和行为的能力。

校长影响力也可分为权力影响力和非权力影响力。校长公开奖励或批评教师，教师受到激励或教育；校长按制度布置完工作，要求教师们学习西点军校"坚决执行，马上行动"；校长倡导教师"著书立说，成一家之言"，学校掀起教育研究热潮；校长倡导"教育成败在细节"理念，要求教师对学生作业"全批全改"……这些都是校长权力影响的结果。校长坚贞乐观、挺拔气节、傲骨正气之品，会感染教师；校长才智和能力出众，还有自己的特长，可取信教师；校长勤于学习、善于积累、长于研究，能引领教师；校长举止优雅、平易近人、为人和善，可示范教师……这些就是校长的非权力影响。

可见，校长影响力是一种很重要的能力，这种能力对于校长完成工作任务，实现领导职能具有十分重要的意义。校长要用好权力影响力，也要修炼非权力影响力，还要寻找到"权力"与"非权力"之间的"黄金分割点"（简称"寻点"）。

身为校长，把握分寸，用好职权，施展才华，成就事业，既可强化已有的权力影响力，也可以建立更大的非权力影响力。当然，校长的权力不能滥用，否则就会产生诸多弊端，就会适得其反，就会欲速则不达。

权力影响力的特点是对别人的影响带有强制性，即以外推力的形式来发生作用。在它的作用下，被影响者的心理与行为主要表现为被动服从。因此，它对人的心理和行为的激励是有限的，其影响力也是难以持久的。校长的一项任务就是要探求这"有限"中的"最大值"，充分发挥好权力的影响力。

一是珍惜传统因素，巧借"传统"立威信。就我国文化而言，人们普遍认为领导者是有才干，有能力的，这就使人们对领导者产生了一种服从感。这种服从感，对于校长管理学校而言是一种很有利的条件，校长一定要珍惜这一传统因素，巧借传统因素树立威信，推进学校工作。

二是正视职位因素，用好"职位"谋发展。职位因素形成的影响力是以合法权力为基础的，它与领导者本人的素质没有直接的联系，纯粹是由社会组织赋予领导者的一种力量。属于校长的那部分权力不要轻易放弃，不要随便推给下属，弃权是一种不负责任的表现，其结果自然也使自己的影响力降低。

三是重视资历因素，善用"资历"积能量。校长的资格和经历也是产生影响力的因素，它反映了一个人的生活阅历与经验，资历因素是有助于校长有效开展工作的一种条件，校长要善用自己的资格和阅历，比如"优秀校长"称号、"特级教师"称号等，为学校的发展和自身的发展积累正能量。

非权力影响力建立在崇敬、信服的基础上，它对人的心理和行为的作用是主动、自愿的。非权力性影响力能提高领导的权威和效能，而且常常发挥着权力性影响力所不能发挥的作用，其影响力往往比权力性影响力广泛、持久得多。

权力影响力对人的心理和行为的激励是有限的，而非权力影响力却有着无限拓展的空间。因此，校长要不断修炼自己的非权力影响力，持续步入"影响无止境"的境界。

校长的非权力影响力，似可有以下优点：校长的精神力量给人责任感；校长的人格魅力给人亲和感；校长的学术超拔给人专业感；校长的博学多才给人钦佩感；校长的廉洁公正给人信任感；校长的文化治校给人归属感；校长的真抓实干给人奋斗感；校长的作风民主给人约束感；校长的适度宽容给人上进感；校长的沟通交流给人和谐感；校长的以情感人给人幸福感；校长的信息敏锐给人现代感。

校长影响力的大小，取决于权力性影响力和非权力性影响力力量的大小及其关系。当这两部分力量处于最大值时，校长的影响力就会最大，其领导的有效性就可能最好。

校长影响力的修炼，一是在行政权威与专业权威中"寻点"；二是在全面负责与分权管理中"寻点"；三是在善意待人与适度批评中"寻点"；四是在融入群体与平等首席中"寻点"；五是在率先垂范与处置慵懒中"寻点"。

>>> 07 >> 永怀理想的冲动

诗人这样说：理想是石，敲出星星之火；理想是火，点燃生命的灯；理想是灯，照亮夜行的路；理想是路，引你走到黎明。

苏霍姆林斯基说：“思想是根基，理想是嫩绿的芽胚，在这上面生长出人类的思想、活动、行为、热情、激情的大树。”

理想是人生的奋斗目标。理想不单是一种志向，还是一种目标。如果说志向侧重于人生方向和趋势，那么，目标则代表了朝这一方向、按此发展趋势所要实现的目的，达到的某种境界。这好比人在海上航行，志向为之导航，目标则是要到达的彼岸。

理想是对未来的理性思考。理想是理性的，是指理想是深思熟虑的结果，是有根有据的可能，是合乎事物发展规律的，是经过奋斗能够实现的。

理想是对真善美的追求。理想求真，求真是人的使命，求真是理想的本性；理想向善，向善，不仅是社会对其成员的要求，也是社会个体自我完善和发展的需要。理想爱美，理想之美，体现的是人的心灵美、精神美、内在美。理想是真、善、美的统一。

人生因理想远大而辉煌，校长因理想远大而精彩。优秀校长，当永怀教育理想的冲动。

朱永新老师写的《我的教育理想》，被专家学者及广大教师推荐为教师、校长、教育工作者必读书目。该书从十个方面阐述了朱永新先生的理想教育，分别是理想的学校、理想的教师、理想的校长、理想的学生、理想的父母、理想的德育、理想的智育、理想的体育、理想的美育、理想的劳动技术教育，用远大的教育理念深入探寻未来教育的理想和理想的教育，用精辟的语言勾画了21世纪教育理想的灿烂和辉煌，阐述了教育的伟大使命和责任，使人们对未来的教育充满信心。

朱永新老师心中理想的学校是：有特色的学校；有品位的学校；有一个富有

人格魅力、有远大理想的校长；有一支创新型、有活力的教师队伍；有一批善于探索、具有良好习惯的学生；有一个面向所有学生的校本课程体系；有一个永远对学生开放的图书馆和计算机房。

朱永新老师心中理想的校长是：具有奉献精神和人文关怀的校长；珍惜学校的名誉的校长；追求人生理想和办学理念的校长；具有独特的办学风格的校长；具有宽广胸怀、感召力和凝聚力的校长；善于协调上下左右关系，能调动一切力量促发展的校长；重视教育科学研究的校长；能够给教师创造一个辉煌的舞台的校长；使学校有优美环境和浓厚文化氛围的校长。

朱永新老师在《中国教育缺什么》一文中说了"四个缺"，其中之一就是"中国教育缺理想追求"。为了学校的发展和校长的成长，也为了补上这一"缺"，建议校长们找来上面所说的两本书，读一读，悟一悟，再结合自己的理解，建构自己的教育梦，书写自己的教育理想。

校长追求教育理想，可以像程红兵校长那样，在深圳创办明德实验学校，只为"理想的教育而来"，"希望办一所理想的学校——一所脱离低级趣味的学校，一所全面改革的学校。做真教育，培养有品位的教师，造就有真性情的文明学生。"他为理想而来，以朝觐者般的虔诚走在追求真教育的路上。

可以像洋思中学的蔡和森校长那样，坚守着"没有教不好的学生""让每一位家长满意"的教育理念，把学校作为实现自己理想和信念的"试验田"，把只有"三流硬件""三流师资"和"三流学生"的学校办成了"中国名校"。

可以像翔宇教育集团的卢志文校长那样，确定了"培养走向世界的现代中国人"的办学宗旨，以"现代学校的硬件设施、示范学校的办学质量、平民接受的收费标准"，培养学生成为"德智双全、文理兼通、学创俱能、身心两健"的"走向世界的现代中国人"。

可以像合肥一中陈栋校长那样，要把中学办得有点大学味，对学校的发展提出合理的想象和构建，强调"走出去"意识，显性或隐性地拓展学校的办学空间，开拓学校的办学境界，为学生架起通向未来人生的桥梁。

我们还可以找到许多怀揣教育理想的校长。

刘铁芳教授在《什么是好的教育》一书结语中的最后一句是这样说的：当理想在心中涌动时，路就在脚下。

>>> 08 >> 形成自己的思想

有些校长，管了一辈子学校，勤勤恳恳、兢兢业业，是大家敬佩的校长。学校在整理这些校长的办学经验时，似乎都有这样一种感觉，他们缺少自己的办学思想和教育思想。校长不能到了退休时，自己的办学还处于"混沌状态"，而应在办学的过程中逐步形成自己的办学主张。没有自己的办学主张，就不能说自己是一个思想者。"思想有多远，我们就能走多远。"校长成长，岂能不走远？

如果说校长是"学校之魂"，那么决定校长教育行为的教育思想就应当是"校长之魂"。思想深邃的校长，能于平凡中见神奇，能于挑战中寻真谛，能于"众醉"中唯"独醒"。

"思想"是经过思考和探索而产生的思维结果，是人类行为的基石。巴尔扎克说："一个有思想的人，才是一个力量无边的人。"就校长而言，一个有思想的校长，才能最大限度地推进学校发展、促进教师成长和帮助学生成才。

在这里，有必要再重温苏霍姆林斯基的那句名言："领导学校，首先是教育思想的领导，其次才是行政上的领导"。思想的领导是校长最重要、最有力的领导手段，一个优秀的校长不是用权威压人，也不是首先用行政管人，而是用思想的魅力去感召人、凝聚人和发展人。

"一流校长重思想，二流校长管课堂，三流校长看账房。"有思想才能成为一流的领导，有思想才能有凝聚力，校长的魅力是多方面的，但最重要的是思想的魅力。

教育需要有思想，学校发展需要有思想的校长。校长思想的水平，从某种意义上说，决定着这所学校能走多远。

什么是校长的教育思想？

陈玉琨教授认为，校长的教育思想是校长在对教育规律和教育价值认识的基础上，在实践过程中所形成的对"什么是教育、为什么办教育、怎样办教育"等问题的回答。

校长的教育思想来源于学校办学实践，同时又对办学实践起着引领作用。

什么是教育？华东师范大学第二附属中学何晓文校长提出"教育，发现与发展学生潜能"，重点探索"什么是教育"的终极问题。苏州十中，一所最江南的学校，百年来，这所学校留下许多故事，校长柳袁照说，故事里流淌着生命的气息，那正是"教育"。

为什么办教育？杭州市长河高级中学陈立群校长认为，教育是出于"爱与责任"。江苏省锡山高级中学唐江澎校长认为，学校办学是为了"人的成全"。

怎样办教育？上海市闸北第八中学刘京海校长提出"成功教育"，上海市七宝中学仇忠海校长提出"全面发展、人文见长"，上海市徐汇区向阳路小学洪雨露校长提出"兴趣教育"，杭州市学军小学老校长杨一青主张"凸显主体，和谐发展"等。

上述这些校长的教育思想对其办学实践发挥着重要指导作用，同时对其他学校也发挥了应有的辐射效果。

教育思想是一种观念上的、高层次的、带有领导性的方法。校长在长期教育实践中，通过不断地学习与思考，逐步形成自己独特的教育思想，并且在学校管理、教育教学过程中实践自己的教育思想，从而形成学校的教育特色。

校长如何提炼教育思想？

校长如何对有关教育、教学、管理等各种零散的想法进行整合，促使校长的教育思想和知识结构从隐性走向显性、从零星走向系统、从个别走向普遍，并逐步丰富和深化，似有如下"路径"。

一是长期的理论积累。校长的教育理论积累，可能是职前学习获得的，可能是从事学科教学时获得的，可能是在中层管理和担任副校长期间获得的，这些"获得"，有老师教给的，有自学的，有培训学得的，有前辈传授的。校长教育思想的产生，往往源于深刻的教育理论基础。

二是前期的实践探索。"教育思想"要和具体的教育实践相结合。这种"实践"，有些是校长在担任科任教师时的实践探索，"××教学"为其教学主张，这种主张与学校发展"合拍"，"××教育"就成了这位校长的教育思想；有些是将拟定的某种教育思想，在一定范围或层面上进行实践，探索其可行性。

三是综合的辩证分析。校长推进学校工作时，会有许多"举措"，综合分析使用这些"举措"的缘由、用意和效果，众多"举措"所表达的"用意"如果能明晰地指向某一"思想"，这"思想"就可以成为提炼校长教育思想的备选素材。

四是团队的积极认同。在提炼教育思想的过程中，校长要将其含义在学校团队中进行传播，让团队成员积极分享和适度评判，这既是一种论证、认同的过程，也为团队今后践行这种教育思想打下基础。

五是真实的教育科研。真实的教育科研是接地气的，是能理性探索学校问题的，是能破解学校发展难题的，真实的教育科研有利于校长教育思想的深化、细化和优化，基于教育科研所生成的"教育思想"往往是丰富而深刻的。

六是专家的科学论证。专家总的说来是见多识广的，是学识丰厚的，是理性思辨的，而校长由于种种原因对所要提炼的教育思想，或思考不够，或定位不准，或含义不明，请专家来论证是不可或缺的。

七是恰当的语言表述。校长教育思想的表述是十分重要的，教育思想的表述要符合先进的教育理念、要简明、要清晰、要易上口，若还有一点文采就更好了。建议在推出校长"教育思想"前，请教育专家、语文教师"把把脉"。

八是实施的修正完善。在指导学校办学的过程中，校长教育思想如果出现一些偏差，遇到一些困难，听到一些"微词"甚至是一些质疑声，这时校长就要对原有的"教育思想"进行修正和完善。

09　建立共同愿景

在《第五项修炼》中，作者彼得·圣吉提出了共同愿景的主张。

所谓共同愿景，就是组织中所有成员共同愿望的景象，是他们的共同理想。它能使所有成员凝聚在一起，向着组织共同的目标迈进。共同愿景能为人指引方向，并推动人的发展。愿景具有很强的凝聚力、向心力和号召力，能够鼓舞人、激发人的潜能和热情，使人提高工作效率和效益，并进而取得卓越的成绩和成就。

周恩来的"为中华之崛起而读书"、马丁·路德·金的"我有一个梦想"、李金初校长的"平生只办一所好学校"等，都是愿景。

美国学者伯特·纳纽斯认为：对一个组织来说，没有哪种动力比一个有吸引力、有价值、能够达到，并且被职工广泛分享的未来的愿景更能激发人们对卓越表现和长期成功的追求。

可见，建立共同愿景，对校长而言，至关重要。美国优秀校长标准认为："建立共同愿景，是实现学校有效管理的最佳途径。一个好的愿景，能促进学校发展的最大化和学校管理的最优化。"

优秀校长，应是一名愿景制造者。校长制造愿景有三个阶段。

第一，个人愿景提出阶段。学校的每个教职员工都可以提出自己的愿景，每个人都提出自己所关心的和希望的，从而充分调动起教职员工的积极性，使每个人都参与到这件关系学校发展的大事中来。当然，学校中层更了解学校发展的方向和学校转型的关键，学校中层往往会经过认真深刻的思考，提出自己的愿景。校长和副校长，也都要提出自己的愿景。每个人对共同愿景的描述要尽可能地简单、诚实而中肯。由于价值观和对教育理解的不同，个人提出的愿景可能差别很大，甚至完全相反。这没关系，作为愿景建立的第一步，这一步是必须走的。学校愿景的建立，不是一次会议的结果，而是一个团队不断探索的过程。

第二，个人愿景分享阶段。在这一阶段，学校上下要展开广泛深入的讨论，让各个愿景相互激荡，相互碰撞，从而不断完善，形成新的愿景。全校教职员工要坦诚相待，互相宽容，用心聆听，让别人分享自己的愿景，同时也主动去分享别人的愿景。"分享愿景的过程远比愿景源自何处重要"，除非共同愿景与学校中的个人愿景连成一体，否则它就不是真正的共同愿景。在分享愿景的同时，校长要引领教职员工主动去分析愿景形成的原因，分析其是否符合先进的教育理念。分享的过程，就是一次愿景达成的过程，就是一次愿景领悟的过程，就是一次愿景优化的过程。强迫施加于教职员工的愿景，只能让教职员工表面顺从。

第三，共同愿景形成阶段。经历了前两阶段后，学校就可以形成自己独特的、全校教职员工共同追求的愿景。首先，公布共同愿景。对内公布，可以统一学校成员的思路和工作方向，有利于学校迅速发展；对外公布，可以在社会上塑造一个鲜明的学校形象，有利于学校的健康发展。其次，维护共同愿景。共同愿景不是短期目标，一旦形成，就有一定的稳定性和权威性，不能朝三暮四，说改就改，学校成员都要主动维护共同愿景。再次，发展共同愿景。共同愿景也不是一成不变的，它会随着环境的变化而发展。不存在能够应对所有问题而自己却一成不变的愿景，3至5年后，校长就要审时度势，根据时代发展情况，适时作出修改或者重新阐释愿景的决策，再建立新的共同愿景。

共同愿景需要面对三个关键问题，即"追寻什么？""为何追寻？""如何追寻？"

共同愿景不应事无巨细、面面俱到，应突出重点，有发展的主要切入点。

共同愿景是学校的战略目标，它是整个团队努力的方向和工作的动因；个人愿景是教职员工个体价值的体现和职业追求，它是个人生命成长意义的标尺和教职员工对专业追求的不竭动力。

共同愿景，让团队知道要做什么；个人愿景，让个体知道要做什么。不论是团队还是个体，有愿景，就有努力的方向，就有走向成功的希望，就更有活力、更有激情、更有动力。

>>> 10 >> 创建学校品牌

"品牌"是现代市场经济的基本特征,优秀商品和服务品牌,不仅以其独特性和高质量给人们留下深刻的印象,给消费者带来充分的精神愉悦,而且也为自身在激烈的市场竞争中确立了坚实的地位。随着教育市场的发展和成熟,学校之间的竞争也越来越激烈,学校品牌就格外引人注目了。

品牌,信息时代的核心发展力。

学校进入品牌竞争时代。成功的学校无一不把营创学校品牌、开发品牌,视为学校的生命。

关于学校品牌,《学校发展策划:理论、方法与实践》,有这样一段论述:

所谓学校品牌是指学校在创建、发展过程中逐步积淀下来的凝聚在学校名称中的、体现学校教育服务水平的社会认可与美誉程度。学校品牌具有重量,这就是学校品牌的市场占有率和市场影响力;学校品牌具有长度,这是从时间维度来说学校品牌从过去到未来的延伸情况;学校品牌具有宽度,这是指国内外教育消费者的涵盖面;学校品牌具有深度,这就是学校品牌与教育消费者的关系。其实,学校品牌体现在学校的各要素中,如体现在学校名称、校徽、教学、科研、管理、代表性建筑或景点、教师、校长、学生、课程等要素中。学校品牌能给社会公众一个清晰、引人注目的识别标志。

人大附中的走向"世界一流中学"、北京八中的"超常生教育"、上海市闸北八中的"成功教育"、上海中学的"为学生终身发展服务"、江苏省洋思中学的"先学后教,当堂训练"等都以自身特定的办学特色而形成全国基础教育品牌。

学校品牌是一种无形资产,代表学校的发展力。在当今时代,品牌已经成为学校赢得家长和求得生存与发展的关键,是学校发展力的核心表现,学校品牌之所以是学校发展力的核心表现,主要原因是学校品牌具有光环效应、马太效应、极力效应和带动效应,在吸引生源、师资、财源、社会关注等方面,学校品牌具有巨大的优势。

学校品牌的特点有"三性"。

一是学校服务品质的优质性。教育服务本身是一种产品，服务过程就是满足教育消费者的发展需求，培养其对学校的情感的过程。因此，教育服务的优质性是形成学校品牌的决定性因素。

二是学校办学风格的独特性。学校品牌的独特性就是办学组织提供既区别于竞争对手又能反映教育消费者偏好的、有个性的教育服务产品。包括富有特色的教育理念，以及在这种理念指导下的办学模式、课程设置、教育内容和方法、学校精神等。

三是学校文化品位的三高性。高知名度，即被公众广泛认同和知晓，很容易从报刊、广播电视、网络、会议、日常交流等途径获得定量的数据指标。高美誉度，即获得公众赞许和支持，反映品牌对社会的积极影响大。高忠诚度，即教育消费者对办学组织的情感，信任并发自内心地去喜爱和宣传它。

事实上，培育学校品牌，就是要抓住这"品牌三度"。换句话说，就是要建立学校品牌的知名度，建立学校品牌的美誉度，建立学校品牌的忠诚度。

学校品牌的维系有保守性维系和积极性维系两种方式。保守性维系主要包括危机处理、日常的品牌形象维护等，主要是指学校在发展战略中采取非进攻性的加强稳固学校品牌和声誉的策略与措施。学校品牌的保守性维系也称学校品牌维护。积极性维系则包括学校品牌再定位、学校品牌产品更新等，是一种积极开拓教育市场，加强学校品牌的进攻性战略。学校品牌的积极性维系也称学校品牌创新。

学校品牌的扩张，其实就是"做强做大"的问题，它非常复杂，涉及学校内外部许多因素，草率扩张不仅容易给扩张产品与学校带来负面影响，而且可能累及原学校品牌。但学校品牌经营却不能就此停止，在当今时代，学校必须适时进行品牌扩张，否则，学校始终都有可能在新的竞争中被淘汰出局。因此，必须对学校品牌扩张进行周密的策划。

学校品牌的扩张有多种策略和途径，如融资扩张策略、兼收和并购策略、连锁经营策略、集团式扩张策略、连动扩张策略、托管策略等。

学校品牌的经营，其核心是创建特色学校。创建特色学校是办学个性化的必然体现，它是对标准化教育的一种超越。特色学校的发展，不仅仅是一种外在的学校形象包装的精致化，更是学校内在教育综合发展力的充实和积蓄。任何一所特色学校，既包含有校长独特的办学思想，又凝聚着广大师生的智慧和力量；既体现了学校教育的某种发展优势，又表现出学校特有的文化气息。当今时代，努力塑造学校的教育特色，对于提高学校的教育品位，提升办学质量，促进学生的个性发展，都具有积极的意义。

学校品牌集中体现在学校办学特色上，毫无发展个性的学校不可能造就学校教育的品牌，学校品牌经营的核心是创建特色学校。

特色学校创建有三个层次。以特色求生存，是第一个层次；以特色求发展，是第二个层次；以特色创品牌，是第三个层次。超越性特色学校发展有四个新的趋势。趋势之一，是智慧型学校；趋势之二，是生态型学校；趋势之三，是研究型学校；趋势之四，是文化型学校。

>>> 11 >> 培育学校文化

文化是一个内涵相当丰富的多维概念。人们可以从不同角度、不同层面、不同维度、不同理论出发去界定文化的内涵。同时随着人类自身对文化认识和应用的深入，新的文化内涵又会出现。

对于"学校文化"，我比较认同的界定是：学校文化是围绕教育教学管理而形成的观念的总和。它包括学校的教育理念、办学宗旨、发展战略、发展目标、奋斗目标、师生素质、学校道德、行为规范、校风、礼仪庆典、学校形象等。优秀校长十分重视培育学校文化。

学校文化是棵生命树，是一所学校生生不息、薪火相传、走向成熟的最肥沃的土壤，是学校的灵魂。丰富和特色的学校文化是学校成熟、完善的重要标志，也是学校持续发展的需要，是形成学校特色的必要条件，更是提高学校发展力的基础。

作为校长，有必要了解"学校文化"的有关问题。

其一，如何认识学校文化的结构？

根据学校教育工作的关系，可将学校文化分为组织文化、课程文化、教师文化、学生文化和环境文化。其中组织文化（也称制度文化）包括学校办学目标、办学理念、发展定位、实施策略、规章制度和传统特色等；课程文化包括国家课程和地方课程的实施，校本课程的开发和实施，以及由此引发的围绕课程改革的一系列活动；教师文化包括教师的教育观、教学观、学生观、课程观、质量观，教师的教学方法、教学质量、教学风格，教师的师德、师能、师智、师魂等；学生文化包括学生的学习目标、学习态度、学习方法、学习水平，学生的行为习惯、学习风格，学生的课余生活、社团活动、文体活动等；环境文化包括物质环境和精神环境，比如软硬件设备、学校布局、学校卫生、学校绿化、社区环境和家庭环境等。

其二，学校文化建设的原则是什么？

一是方向性原则。学校文化建设要牢牢把握先进文化的前进方向，体现时代特征。面对世界范围多元文化的冲突，校长要大力弘扬中华民族文化，开展健康有益的文化活动，不断丰富学校全体成员的精神世界。

二是整体性原则。学校文化建设是一个系统工程，涉及学校的方方面面。因此，要从总体上对学校文化建设进行规划，做到组织文化、课程文化、教师文化、学生文化、环境文化建设的多方结合，使各种文化协调一致，同时注意将学校文化建设与学校其他工作有机结合，保证学校文化建设协调发展，使其功能得到充分发挥。

三是主体性原则。学校文化本质上是师生文化，学生和教师均是学校文化建设的主体，他们既是现代学校文化建设的设计者、组织者，又是现代学校文化建设的参与者和实践者。只有调动全体员工在学校文化建设上的积极性，学校文化建设才富有生命力。

四是选择性原则。学校文化是一种开放文化，面对传统文化与现代文化，东方文化与西方文化，主流文化与非主流文化，本土文化与外来文化这样复杂的社会文化，学校文化建设必须进行必要的过滤和选择，吸取精华，将其内化为特定的学校文化内容，形成富有个性的文化系统，并不断调整、充实和发展，以适应社会文化的时代要求和学校文化主体的内在要求。

五是地域性原则。学校文化建设必须充分注意学校所处地域的文化传统、生活习俗、风土人情、自然景观和人文景观，在建设学校文化时结合地方文化之精华，使学校文化具有一定的地域特色。

其三，如何理解学校发展中的文化建设或文化重塑？

学校文化建设，是学校发展中最为重要的内容，是学校一项长期的、深层次的、高品位的建设工作。要建设一流学校就需要发展良好的学校文化，学校发展必然与学校文化建设紧密相连，文化建设是学校教育教学的载体，是有效地实施课程改革的基本保证，也很可能是促进学校发展的突破口。学校文化建设的出发点是以育人为本，以培养具有中华民族灵魂和世界眼光的现代人为总目标。

因此，学校文化建设不是可有可无的事，不是自生自灭的事，不是顺其自然的事，而是需要校长的引领，需要全体师生共同营造，并逐步形成全校的共识和全社会的认同。

学校文化是学校的生命所在。

其四，教师和学生在学校文化建设中能否发挥作用？他们的作用应该如何体现?

学校文化是学校师生员工创造的，它一旦被创造出来，就是一种能动的教育力量，反过来又会影响这所学校的师生员工。

文化是一种精神期待，学校文化是一种持续的教育力量。教师和学生既是学校文化的参与创造者、营造者，又是学校文化的传承者、弘扬者、更新者和发展者。没有师生建设学校文化，学校文化建设就没有了土壤，就成了"无源之水，无本之木"。

教师和学生在学校文化建设中的作用可以通过几个"意识"来体现。

一是责任意识。作为学校文化群体中的一员，不管是教师、干部、工人还是学生，都有建设、维系学校文化的责任。

二是传承意识。一所学校的文化需要一代代师生的传承，全体成员以自己的言行、价值观、信念、气质和精神延续着这种文化。

三是吸纳意识。作为学校中的成员，师生、干部还应该注意借鉴其他学校的学校文化，借鉴其他优秀文化，同时注意与本校文化的有机融合。

四是创新意识。学校文化的发展，也需要在继承中发展，在发展中创新，在创新中提升，唯有建立在以学校内涵发展基础上的又注意创新的学校文化，才能保持学校文化的生命活力。

其五，校长在学校文化建设中应该扮演什么角色?

作为校长，要自觉肩负起学校文化建设的使命。正如袁振国先生所言，一个学校领导怎样营造出自己的学校文化，这是一个具有教育家风范的学校领导必须思考的问题。

校长是学校文化建设的继承者、领导者、设计者、弘扬者和创新者。校长要继承学校文化，新校长不能推翻学校原有的文化；校长对于学校的文化建设是可以有所作为的，因此校长就要肩负起学校文化建设的领导重任，引领学校文化建设的健康发展；校长还应根据时代的发展，在学校原有文化的基础上，设计（整合、融合，诊断、改造）学校文化；如何使学校文化，尤其是新的学校文化，在学校生根、变成现实，这就需要校长带头弘扬，使之逐步成为班子成员、多数员工的一种精神状态、一种行为方式；校长还应注意学校文化的适度创新，之所以提适度创新，是因为学校文化的发展，一般说来是渐进的、潜移默化的，"新的学校文化"只有成为多数员工的一种精神状态、一种行为方式时，才能成为实实在在的学校文化。

其六，学校文化建设的基本路线是什么？

一是以人为本：从教育文化学角度看，以人为本是现代学校文化建设的基本价值取向。二是自主发展：创设促进学生自主发展，教师自主发展，学校自主发展的文化氛围。三是价值判断：包括对学校目标价值取向的判断、文化内容及文化性质和实施文化的判断。四是转化生成：包括对社会文化的转换，对传统优秀文化的传承，对多元文化的融合；也包括对学校文化的创生，对学校特色文化的营造和创新。五是巩固提升：巩固已经形成的学校文化，保护这种学校文化，并不断提升学校文化的品位。

许多学校的学校文化是"自然混合型"的，现代学校文化建设要走"自主发展型"之路。"自主发展型"学校文化建设，是优秀校长的文化使命，也是优秀学校的历史使命。

>>> 12 >> 学校内涵发展

学校内涵发展,主要涉及学校管理、教师成长和学生成才。对此,我有如下看法。

第一,学校管理:从"制度"到"文化"。

理想的管理,应从人治过渡到法治,进而走向文治。换句话说,人治第三,法治第二,文治第一。

再好的"人治",在处理问题时也要有章可循,也要规范运作。否则,就会有随意性,就会宽严把握不准。这就要求学校管理应建章立制,让管理走向"法治"。

但"法治"只能保证最基本的要求,是一种刚性的他律,是一种"无情"。学校管理的高境界是全校师生有共同的精神追求和共同的价值观,这就需要文化的引领,这就要求管理走向"文治",走向"有情",走向"不管"。

无论在哪个层次阶段,校长都是很重要的。校长是"人治"的体现者和实施者,校长是"法治"的建设者和完善者,校长又是"文治"的引领者和弘扬者。

"文治"的实质就是"人化管理",就是以人为出发点,并以人的价值实现为最终管理目的的尊重人性的管理。"文治"的本质是以人为本。

"文治",人既是管理的出发点,又是管理的落脚点。如果说"法治"是非人性的管理,那么"文治"是人性化的管理。尊重人,关心人,培养人,激励人,开发人的潜力,成为教育管理的关键。

"文治",把人看作"自我实现人"和"观念人",以"性善论"为哲学基础。

"文治",依靠人文关怀等激励手段,调动、激活行为主体的内在需求和动力,追求主动发展。

"文治",着眼于管理人的思想(信念和价值观),间接地影响人的行为,即以文化来治理。"文治"的新理念——文化就是力量。

"文治",以内激为主,着重满足师生的自尊和自我实现需要,依赖于工作本身的魅力。

"文治",其特色是将理性与非理性相结合,是将制度与人文相结合的管理,是刚性与柔性相结合的管理,是有人情味的管理。

"文治",其权力结构模糊,管理者与被管理者更为平等,类似于网络状扁平组织,换句话说,是平等沟通、自我学习的学习型组织。

"文治",依靠思想的交流,价值观的认同,感情的互动和风气的熏陶,即依靠非强制性和非物质手段的投入。"文治"使教育管理由以硬管理为主走向以软管理为主,这就是教育管理的软化趋势。

"人治"是没有规矩的,是弹性的;"法治"是建立规范的,是刚性的;而"文治"则是超越规范的,是柔性的。

第二,教师成长:从"师者"到"学者"。

我们不能苛求每个教师都是学者,但一个优秀教师、一个名师应该努力成为学者。名师的学者化,不是一般的学者化,而应是教育专业化和教育学者化的有机结合。

师者,教为道;学者,善研究。

教师的学者化,就是教师必须对自己所从事的教育专业中的某一学科领域有深入而精深的研究,形成优化而独特的知识结构和能力结构,有较高的学识水平,有较强的研究能力,有坚实的理论功底,有丰富的教育经验,有创造性的研究成果,有教育理论与教育实践方面的创造性的建树,终而成为一个教育家。

教师的学者化是由"教书匠"走向名师、走向教育家的必由之路。学者化是时代发展的需要,学者化是教学提升的需要,学者化是自我成才的需要。

教师的学者化是教师持续发展的一种更高层次的追求。

教师在其发展的过程中,可能先是书教得比较好,可能是班主任当得比较好,这是教师事业的基础。但要持续发展,就还要进行教育教学研究,探索教育规律,提升教育实效。进而,还要把研究的东西整理出来,也就是要进行写作。这其实也就是学者化的进程。

一位杰出教师这样说:要做一名"学者型"教师,既要"教",又要"研",还要"写"。教是研的前提和基础,研是教的总结和提高,而写则是教和研的概括和升华。

名师的成长过程是一个学者化的过程。成为学者型的教师,为教师的持续发展指明了方向。名师的学者化不是一步到位的,学者化有一个从"低层——中层——高层"的过程，而这里所说的"高层"是无止境的。学无止境、教无止境、研无止境，是名师学者化的基本原则和目标。

学者化有什么特征？至少应有：不凡的学术勇气，强烈的课题意识，执着的探究精神，全面的信息素养，较强的创新能力，丰硕的研究成果。

远观全国数学名师张思明、刘可钦，近观福建数学名师池伯鼎、张远南，哪一个不是著作等身？哪一个走的不是学者化之路？

第三，学生成才：从"学会"到"会学"。

"学会"和"会学"，看起来只是两个字的颠倒，但意义却大不相同。"学会"，只是说在学习过程中掌握了某种知识和技能；"会学"，则是指在学习的过程中掌握了学习方法，形成了学习能力。

在教育实践中，我们深深感到，一个学生要想取得优良的学习效果，单靠教师教得好、教得得法是不行的，他自身还必须学得好、学得得法。遗憾的是，在教育理论和教学中，长期以来，大家多研究教而少研究学。实践证明，忽视了学，教也失去了针对性，会弱化其实效性。

昨天的文盲是不识字的人，今天的文盲是不会使用先进办公设备的人，那么，明天的文盲呢？联合国教科文组织已经对"文盲"作出了新定义：21世纪的文盲是那些不会主动寻求新知识的人，也就是不会学习的人。换句话说，只有学会学习，才有资格和能力成为21世纪的新主人。

换句话说，当人类为跨入新千年或雀跃或踌躇的时候，上帝创造的那个纪元其实已经终结，每个人都有机会为自己"创世纪"，但他必须是一个可以把握未来、发掘自我、富于创造的新人。换句话说，在未来，你所拥有的唯一持久的竞争优势就是：有能力比你的竞争对手学习得更快。

为了迎接新世纪的挑战，世界各国都在大力进行教育改革。当今教育改革的主旋律是充分激发学生学习的主动性和积极性，使教学过程从以"教"为中心，转变到以"学"为中心；从知识的传授和学习，转变为学习能力、学习品德的培养和提高，让学生学会学习；从维持性学习，转变为研究性学习和创新性学习。

管，是为了不管；教，是为了少教；学，是为了会学。如是，教育幸甚，学校幸甚。

>>> 13 >> 建设学习型学校

"学校,学校",虽然带有"学"字,但多数"学校"并不是真正意义上的学习型学校。

当今时代,是一个知识化和全球化的新时代,是一个数字化和网络化的新时代,是一个学习化和快速变化的新时代。这样一个新时代给学校提出了严峻的挑战,它要求学校教育必须培养出能够适应时代发展和环境变化、具有实践能力和创新能力的高素质人才。为了达到这一要求,学校必须进行教育教学改革和管理创新,整合优质教育资源,提高教育教学质量,形成追求卓越、超越自我、持续发展的新型学校模式。

学习型学校正是这样一个新型的学校模式,而优秀校长则是积极建设学习型学校的校长。

什么是学习型学校?学习型学校是一个能够适应环境变化而持续变革、不断学习、永续创新的学校,是一个能够实施人本管理、提高效能、自我超越的学校,是一个能够自我完善、追求卓越、持续发展的学校。总之,学习型学校是一个学习型组织的、自我超越的、持续发展的学校。

我们的学校是一个"学习型组织"的学校吗?学校是教书育人场所,学校这个组织更应该也能够成为学习型组织。对照一下学习型组织的七个特征——善于不断学习、勇于持续创新、拥有共同愿景、强调团队协作、员工自主管理、活出生命意义、组织结构扁平化,看看我们的学校具备了几个?

我们的学校是一个"自我超越"的学校吗?这里的"自我超越"包括了学校的个人、团队和组织都要不断自我超越。认识自我已属不易,完善自我颇具挑战,而超越自我则是新的跨越。自我超越,就是不断变革与创新,就是追求卓越崇尚一流,就是不断跃上新的发展平台。

我们的学校是一个"持续发展"的学校吗?持续发展是一个前后衔接、彼此连续的发展过程,而不是一时的或阶段性的发展。学校要根据主客观条件审慎地选择和确定学校的发展目标。为实现目标，学校的个人、团队和组织都要不断学习、不断创新，从而使学校具有不断完善、持续发展的不竭动力。

学习型学校的学习，不同于通常学习，也不同于培训学习。学习型学校的学习，是提升个人和组织学习力的学习，是与工作相结合的学习，是持续不断的学习，是一种合作的学习，是一种创新的学习。

我们再从学习型组织的七个特征，看看厦门一中是如何走向学习型学校的？

一中人善于不断学习吗？

他们认识到只有学会学习，才有资格和能力成为21世纪的新主人。他们深知，在未来自己所拥有的唯一持久的竞争优势就是：有能力比你的竞争对手学习得更快。

他们认识到，从学习的角度看人生，人生便是一个学习的过程。从出生到死亡，从工作到生活，从实践到观念，学习终身相伴。从学习的角度看生存，生存便是一个学习的课堂。在这个课堂永远听不到下课的铃声。学习化生存——你别无选择。

一中人勇于持续创新吗？

比尔·盖茨有句名言："微软离破产永远只有十八个月。"也就是说，微软如果不学习、不创新，十八个月后将面临破产。

企业如此，教育亦然。

教育的出路在于改革与创新，一中的发展也在于改革与创新。唯有进行教育改革实验，才能达到全面提高教育质量的目的。建立在科学发展基础上的教育创新，是一所学校可持续发展的特色之一。唯有创新，才能有所突破，有所超越，有所发展。

一中人拥有共同愿景吗？

一中人的共同愿景就是"为发展而教育"，这种愿景来自对先进的教育理念的理解，来自对教育价值观的诠释，来自对学校内涵发展的追求。

教师要发展吗？回答是肯定的。在发展学生的同时，教师自身理应得到长足发展，"教学相长"就是这个道理。也就是说"照亮别人，可以更好地完善自我"。当然，"完善自我，更可以照亮别人"。

学生发展了，教师也发展了，学校还能不发展吗？学生、教师、学校发展了，就会进一步推动社会的发展。

一中人强调团队协作吗？

马卡连柯说:"应该有这样的教师集体:有共同的见解,有共同的信念,彼此间相互帮助,彼此间没有猜忌,不追求学生对个人的爱戴,只有这样的集体,才能够教育儿童。"

苏霍姆林斯基也这样说:"教师集体是大家志同道合地进行创造性合作的团体,在这里,每个教师都能为集体的创造作出自己的贡献;每个人从集体的创造中吸取精神力量,同时也以精神力量去丰富自己的同志。"

两位教育大师把教师团队精神的重要性说得何等透彻。一中的团队正逼近两位大师所说的"集体"。

一中人注重自主管理吗?

一中人倡导这样的理念:"不能自我控制和自主管理的员工不是好员工,缺乏自我控制和自主管理的组织不是好组织。"不是要我学习,而是我要学习;不是要我进修,而是我要进修;我要发展,我们要发展,我们要自主发展。

名师的成长关键在"自我"。认识自我、发现自我是成为名师的基础和根本;完善自我、战胜自我是成为名师的关键;实现自我、超越自我是成为名师的永不满足的目标。

一中人活出了生命意义吗?

一中人崇尚"追求深层次的快乐":由智力满足带来的快乐,成功以后带来的快乐。成功的教学,你可以从学生幸福的目光中读出为师的快乐;你可以从师生共同活动中体验实践的快乐;你可以从教育教学研究中感受探索的快乐。

激情工作,赢得乐趣,活出生命的意义。激情是生活中一道独特的亮丽风景,激情是人生的动力之源,激情产生幻想,激情产生勇气,激情使一个人的生命时刻处于锐意进取的状态当中。激情会使你卓越的潜能充分显露,使你出色的个性得到张扬,使你丰富的才情得到升华。

工作是否单调乏味,不是取决于工作本身有多大乐趣,而是取决于工作时是否激情投入,是否能做出别人认可的成效来。

其实,一中人"爱目前的工作",也"自动自发"地工作。正如《自动自发》的作者阿尔伯特·哈伯特所说:"如果你只为薪水而工作,你的生活将因此而陷入平庸之中,你找不到人生中真正的成就感。工作的目的虽然是为了获得报酬,但工作能给你带来的远比工资卡上的工资要多得多。"

一中的组织结构扁平化了吗?

一中的管理不再是金字塔式的结构,而是一种网状的、扁平的、富有弹性的组织结构。高三领导小组 7 人，减少最上面的决策层和中间的管理层，提高效率。基建工作，成立"基建领导小组"和"基建监督小组"，实施扁平管理。"把管理建立在年段上"，"让学校管理前移"，"从扁平化管理中出效益"，这样的管理，让厦门一中充满生机与活力。

>>> 14 >> 进取无止境

进取,就是努力上进,力图有所作为。

校长是领导,时至今日,领导观念发生了很大的变化:领导不单是一种技巧,也不单是一种地位。只有永远奋进,才是领导精神的真谛。

卡内基曾经说过:"有两种人绝不会成大器,一种是除非别人要他做,否则绝不主动做事的人;另一种人则是即使别人要他做,也做不好事情的人。"那些不需要别人催促,就会主动去做应该做的事而且不会半途而废的人必将成功,这种人就是具有强烈进取心的人。

我们是否可以这样说,进取心是校长取得成功的起点;优秀校长,进取无止境;优秀校长,往往是进取型的校长。

进取,当自我超越。超越是一种过程、一种精神,更是一种境界。首先是认识自我、发现自我,"知人者智,自知者明"。一个明智的校长,就要善于发现自己的长处与不足。其次是完善自我、战胜自我,这就要克服"比上不足,比下有余"的消极心理,克服"不求有功,但求无过"的庸人哲学,克服"知足常乐,宽恕懒惰"的处世态度。第三是实现自我、超越自我。实现自我,就基本上实现了近期的目标。优秀校长的价值实现,不能停留在某一阶段、某一层次上,还应该不停地超越。

进取,当永不满足。鲁迅说:"不满足是向上的车轮。""没有最好,只有更好"告诉我们这样一个道理,无论做什么,都要拥有信念,不满足,不断迎接新的挑战。只有不断地改进和完善,不断地追求更好,才能让自己不断地进步,不断地成长。"没有最好,只有更好"的核心在于"更好"。永远看到不足和可以提高的方面,去探索怎样通过每个细节的改进来提高自己的水平和能力,只有这样,校长才能使自己变得更优秀,更完美。

进取,当永不倦怠。作为一校之长,重任在肩,来自各方面的压力导致越来越多的校长陷入无尽的压力中,使他们产生了职业倦怠。职业倦怠是近几年颇受关注的热点问题。所谓的职业倦怠是指在强大的工作压力下出现的一种身心俱疲的状态。这种"状态"的直接影响，很可能是"安于现状"。保持乐观开朗的心态，开心做校长；始终朝向目标愿景，用心做校长；追求新的教育境界，倾心做校长。这样的校长永不倦怠。

进取，当关注前沿。校长，站位要高，就需要关注教育发展的前沿问题，关注国内教育发展的动态，关注国际教育发展的走势，这样才能以更宽的眼界、更宽的思路、更宽的胸襟考虑问题，用先进的教育理念和超前的精准思维办学，用发展的眼光谋划学校的未来。校长只有具备了"前沿思维"，才会有大视野和大格局，才能促使自己"步入新境"，才能将教师"引入高境"，才能引领学校"渐入佳境"。

进取，当蓄势待发。蓄势，是为了"发"。要蓄势，校长至少要"学高一筹"。换句话说，至少要读文化之书，要读管理之书，要读教育之书，还要读学科专业之书。在我看来，一名优秀的校长，《教育研究》《课程·教材·教法》《人民教育》，《中国教育报》《中国教师报》《教育文摘周报》等，他是每一期都不能不学的，不仅要学，还要在学的基础上思考和研究。这样他才能保持一定高度的教育敏感，才具有最前沿的专业视域。

进取，当开拓创新。"教育恒久远，创新每一天。"校长只有常怀一颗创新的心，才能在工作中，时时创新，事事创新。创新就是不因循守旧，不走老路，敢于言人所未言，见人所未见。优秀校长的成长过程就是伴随着创新的过程。唯有这样，校长才能不断适应时代发展的新要求，才能不甘平庸追求卓越，才能在平凡的岗位上干出不平凡的业绩。因循守旧，安于现状，不求有功但求无过，与进取精神是格格不入的。

英国作家塞缪尔·约翰逊说过："无愧于有理性的人的生活，必须永远在进取中度过。"校长就要在进取中过一种有理性的生活。

>>> 15 >> 持续"创特"

创建特色学校是办学个性化的必然体现,它是对标准化教育的一种超越。特色学校的发展,不仅仅是一种外在的学校形象包装的精致化,更是学校内在教育综合竞争力的充实和积蓄。

任何一所特色学校,既包含有校长独特的办学思想,又凝聚着广大师生的智慧和力量;既体现了学校教育的某种优势发展,又表现出学校特有的文化气息。

当今时代努力塑造学校的教育特色,对于提高学校的教育品位,提升办学质量,促进学生的个性发展,都具有积极的意义。

学校品牌集中体现在学校办学特色上,毫无发展个性的学校不可能造就学校教育的品牌,学校品牌经营的核心是创建特色学校。

优秀校长在持续"创特"的过程中,应注意处理好如下几个关系。

全面发展与特色发展的关系。基础教育要始终牢记"面向全体学生的全面发展",即使是学校特色发展,也应是"基于全面发展的特色发展"。学生的发展是有差异的,学校框定的特色是否会人人普及,也值得探索。全面发展不是不要特色发展,要在"全面"发展中凸显"特色",在"特色"发展中推进"全面"。

继承传统与注重创新的关系。学校的发展不能建立在废墟上,学校特色发展更不能建立在废墟上。学校特色是通过一任任校长、一批批教师、一代代学子参与建设、传承与发展的。校长是学校特色的继承者、领导者、设计者、弘扬者和创新者,师生是"特色"的传承者、弘扬者、更新者和发展者。继承,让特色发展有其"源",有文脉,很"自然";创新,让特色发展有活力,体现"自觉",体现学校价值引领。

"大"的特色与"小"的特色的关系。"大的"特色,如生命教育,附中特色,"三自"教育,养成教育;"小的"特色,如武术特色,书法特色,诗之校,民乐特色。"大特"要防止泛化,要立足落到实处,要在子课题上做足文章;"小特"要防止窄化,要注意适度升华,要在提升内涵上"圆其说"。过大的"特"不妥,过小的"特"不行，把握好"度"才好。

"单一"特色与"多个"特色的关系。"一特"在提法上易上口，如上海闸北八中的"成功教育"，某校的"绿色教育"。"多特"是"特"吗？"多特"可以多到几"特"？值得研究和探讨。太多"特"是否会有"框论"之嫌？一定要"一特"吗？有些"特"可以凝练，有些"特"不好凝练，如何是好？

办学理念与办学特色的关系。办学理念是学校的灵魂，它包括学校的办学宗旨、办学目标、办学策略，具体体现在校训、校风、校规、教育理想、育人取向、培养目标、育人途径、学风建设、教师形象、学校文化等方面。由此可见，特色的基础是理念；在特色的形成中，理念起着引领性作用；在理念的引领下，可将学校的"闪光点"生成"特色"。理念体现学校价值观，理念催生特色，特色体现理念；特色决定竞争力，理念决定发展力。

学校规划与全员参与的关系。校长应当成为学校特色发展的设计者、引领者、促进者；但仅有校长的设计是不够的，学校特色发展应当成为全校师生、家长的"行动"。只有成为"学校人"的"特色"行为时，方可称之为"学校特色发展"；只有成为"社会人"的"特色"认同时，此"特色"就"深入人心"了。

学校文化与学校特色的关系。学校文化往往是带有特色的；学校特色应该是有文化性的；学校特色建设不能为特色而特色，应有"文化"的涵养。学校特色的形成要与学校文化整体协调，摒弃学校文化的、人为打造的"特色发展"其行不远；学校特色是学校文化的重要组成部分，是学校文化区别于其他学校文化的重要特点。

专题学习与深入研究的关系。学习，让我们至少站在"高人"肩上看"特色"；学习，让师生增强对"特色"建设的认同度和自觉性；学相同才能思相近，思相近才能言相和，言相和才能行相辅，行相辅才能事相成。没有"学"是不行的，仅有"学"是不够的，还必须在"学"的基础上进行"研"，我"研"故我智。研究，提升精神的高度；研究，保持思维的深度；研究，拓展知识的广度；研究，具备透视的远度；研究，追求探索的精度；研究，改变眼界的角度；研究，超越自我的气度。

学校校训与学校特色的关系。理想的校训应是学校特色文化的核心；雷同化（如二言八字）的校训不能体现学校特色。许多学校的校训与学校特色文化错位；历史悠久的学校要适当发掘校训的新内涵（最好是体现特色的内涵）；雷同化的校训，在条件具备时，可以重新制定体现学校价值取向和鲜明个性的校训。

"特色"发展与"无特色"发展的关系。特色学校创建是学校从一般走向"不一般"的过程,是学校从优秀走向卓越的过程。每所学校都是潜在的特色学校,所谓从"无特"到"有特"。从"一样好到样样好",让原有的特色消失,从而达到一种"无特色"境界,从长远看,我们更应该提倡这种"无特色"发展。从"有特"到"无特",再从"无特"到有新的价值追求的更高的"特",如此看来,"特"无止境。

>>> 16 >>   深度反思

反思，就是思考过去的事情，从中总结经验教训。校长反思，主要是指对自己所从事的学校管理工作的思想、策略、方式、方法、运作等的自我意识、自我知觉和自我调整，从而更加有效地促使学校管理跃上新的台阶，使学校教育教学工作步入新的境界。

校长转变自身的教育理念、管理观念，提高自身的素质，最大限度地促进自身的成长进步，在很大程度上靠反思。校长反思，就是校长带着一颗思考的大脑每天从事繁杂的工作，就是通过思考解剖自己日常教育管理实践而不断超越和提升自己的教育境界，就是对自己的管理思想、学校管理行为乃至教育工作细节的一种追问、审视、推敲、质疑、批判、肯定、否定……

校长的反思，其目标就是分清理论是非，就是要把感性的东西上升到理性的过程。"做一名反思型的校长"，已成为大多数校长的共识；"让反思促进管理者成长"，是校长培训的重要内容。"吾日三省吾身"，让"反思应当成为常态"。

当"反思"成为教育流行语时，校长对反思的把握却出现了一些值得"反思"的现象：把反思视为对管理的简单地回头看，把反思视为一味地自我批评，这种反思从某种意义上说是"浅反思"。基于学校管理的视角，校长"反思"其本义是校长基于职业自觉而对真实的管理情境、事件、问题及其价值的自我理解与发现的过程，也是校长通过多面、多向和多元的思考重构自己新的管理理念的过程，更是校长不断寻求改善、改进和变革学校管理的各种可能性的过程。在这个过程中，校长不仅要触及问题，更要发现意义；不仅要改善现状，更要拓展新的领域；不仅要追问不足，更要获得信心。

我思故我在。思考是校长的必修课。校长的"适度反思"，应当成为常态；校长更应在"深度反思"中追寻管理的智慧，深思方能"洞见"——"洞见"教育大潮之势，"洞见"学校发展之道，"洞见"学校管理之术。

孔子说："君子有九思：视思明，听思聪，色思温，貌思恭，言思忠，事思敬，疑思问，忿思难，见得思义。"(《论语·季氏》)"九思"是孔子对君子如何修炼的精辟诠释，如果把它移植到反思上，在我看来，"九思"是校长走向"深度反思"的基础。

"视思明"，就是观察问题要思考是否观察得明白。校长只有把观察和反思交融在一起，才能透过现象揭示本质，避免主观臆断。

"听思聪"，就是倾听时要考虑是否听清楚了。校长要善于在倾听中，通过思考去伪存真地提炼出"金点子"。

"色思温"，就是要考虑脸色是否温和。校长如果盛气凌人，怒形于色，那么必然疏远教师，就接不了地气。

"貌思恭"，就是待人要考虑是否恭敬端庄。校长只有"貌思恭"，才能亲近教师，凝聚教师。

"言思忠"，就是说话要考虑是否忠诚。靠说假话换来的荣誉也迟早会遭人唾弃，校长"言思忠"，才能赢得威信，才能以信取人。

"事思敬"，就是做事要思考敬业。校长要无限忠诚于教育事业，把办好让人民满意的教育作为自己的神圣使命。

"疑思问"，就是有疑问了要考虑求教。校长要不耻下问，这是一种解决疑难的途径，也是一种激活教师思维的有效方法。

"忿思难"，就是将要发怒时，要考虑是否有什么后患。校长要修身养德，要时刻告诫自己：随意的愤怒从愚蠢开始，以后悔而告终。

"见得思义"，就是看见好处要思考是否合乎道义。校长要考虑长远，决不让眼前的诱惑蒙蔽了自己的双眼。拒绝不合"义"的"利"，可以换来永久的"利"。

教育家杜威说："要成为有效的教育管理者，必须注重反思。反思既是内隐性的思维活动，又是外显性的探究行动；反思有较强的对象性，消除困惑、解决问题，促进实践合理性是反思的目的；反思需要当事者有较强的责任感和较好的意志品质，如坚强的毅力。当你着手分析、反思这些问题时，你已经开始了自己的成长过程。"

反思吧，校长们，你们新的成长开始了！

>>> 17 >> 经常换位思考

所谓"换位思考",是指在管理过程中主客体双方在发生矛盾时,能站在对方的立场上思考问题。心理学家张恰筠说:"换位思考是人对人的一种心理体验过程。它客观上要求我们将自己的内心世界与对方联系起来,站在对方的立场来体验和思考问题,从而与对方在情感上取得沟通,为增进理解奠定基础。"

优秀校长,往往是善于换位思考的校长。

李希贵校长在《我的关键成功要素》一文中说,"换位思考"是他的四个关键成功要素之一。他说,在这方面,对他帮助最大的是卡耐基的《人性的弱点》这本书。这本书,他读了20遍,他觉得这本书最大的特点是告诉人们:要关注别人的感受。教育必须关注别人的感受,不关注别人的感受,教育就永远没有力量。

就校长而言,换位思考是消除隔阂、转化矛盾的溶解剂,是达成共识、增进团结的阶梯,更是架设校长与班子、中层、教师、学生、家长、社会人之间沟通的桥梁。

校长与班子换位思考,"假如我是书记",校长会不会很强势,不尊重书记的意见或建议,校长对学校的党务工作和教职工的思想工作是否重视,书记的作用如何得到更好的发挥;"假如我是副校长",校长对副校长们是否"亲疏无别",达到"亲者不亲,疏者不疏"之境,校长会给副校长更大的自主权吗?如此一"换位",校长就更能"将心比心"地理解班子成员所思所想,就能更好地达成共识,促进学校发展。

校长与中层换位思考,"假如我是中层",校长能体会到我们中层最辛苦吗?中层要如何处理好与校长和分管副校长的关系,校长对中层是否"一碗水端平",校长会不会重视教学而不那么重视德育,校长会不会偏爱教务处而对教研室关注不够,校长对后勤管理有什么新思路,中层要提高什么样的执行力,校长不能只给中层布置任务而忽略对中层的培训和培养。如此一"换位",校长就能增强对中层的有效管理，就能激发中层的活力。

校长与教师换位思考，"假如我是教师"，校长站在教师立场思考，就会知教师所想，赏教师所长，解教师所疑，宽教师之过，帮教师所难。年轻教师生活压力大，还要提升教育教学技能；中年教师是家里的中坚力量和学校里的骨干力量，有家庭生活和学校工作双重压力；老年教师有健康问题、精力问题和适应信息化教育问题。如此一"换位"，校长就会考虑到教师的处境、情感和利益，决策才能避免主观武断，而至有人情味的管理境界。

校长与学生换位思考，"假如我是学生"，校长就会站在儿童立场来办教育。陶行知先生多次告诫教育者："我们必须会变成小孩子才配做小孩子的先生。"这就是教育者和受教育者的换位。夸美纽斯这位捷克教育家在担任校长期间，就始终带着一颗"学生的心"在教导教师、进行管理。用"学生的心灵"去感受，用"学生的大脑"去思考，用"学生的眼光"去看待，用"学生的情感"去体验，用"学生的兴趣"去爱好。

校长与家长换位思考，"假如我是家长"，家长可能会问：这所学校的校长的人格魅力、学识魅力和管理能力怎样？这所学校的教师是狠抓应试的还是科学育人的？这所学校的教育质量观是以提升学生素质为价值取向的吗？这所学校在"学校教育、家庭教育、社区教育相结合"上做得怎样？这所学校在与家长沟通的细节上还有哪些问题？如此一"换位"，校长就会在更高的层次上修炼自己的综合素养，提升学校的办学理念。

校长与社会人换位思考，这里的社会人，泛指本学校师生家长以外的社会各界人士，"假如我是社会人"，社会人可能会问：这所学校总体怎样？这所学校的文化建设，全社会认同了吗？这所学校有什么优良传统？这所学校的教师和学生给人的总体印象如何？这所学校的文体设施对社会开放了吗？校长跳出教育看自己、看学校，一定会有新的感受和新的发现，进而产生办学思路，创设新的育人环境。

校长经常换位思考，就能走进学校管理对象的心理世界，就能从不同角度看自己、看学校，就能在理想教育与现实教育之间找到"黄金分割点"，就能相对客观地认识问题，从而有效地解决问题。校长只有换位思考，才能对事情的前因后果、来龙去脉及性质趋向有更全面、更客观的把握，才能做出客观、科学的判断和抉择。

善于换位思考的校长，做人心胸宽广，做事聪明睿智；善于换位思考的校长,处理问题往往比别人眼高一层、技高一筹。

换位思考,是"推己及人"的艺术。

如果校长还能引领学校形成"换位思考文化"的话,大家都来换位思考,教师用"假如我是校长""假如我是学生""假如我是家长"来思考,学生用"假如我是某某学科老师""假如我是班主任"来思考,家长用"假如我是老师""假如我是孩子"来思考,那么我相信大家就能站在更高的角度来审视学校的教育教学工作,努力做好自己的工作。坚持下去,整个学校就进入了"和谐世界"。

>>> 18 >> 课程领导

优秀校长必须学会领导课程，校长领导课程走向何方？

从课程管理走向课程领导。从管理走向领导是新课程改革对校长的角色要求，是课程发展的必由之路。校长个人的自我发展和完善，是课程领导的基础。校长课程领导角色扮演，专家认为应是"理念的追寻及实践者，系统的建置及营运者，知能的建构及散布者，成员的领航及合作者，创意的推动及支持者，资源的整合及经营者，人际的沟通及协调者，成效的回馈及监督者。"要扮演好，真不容易！

从课程自然走向课程自觉。课程"自然"，就是校长进行课程领导时凭借的是经验而不是理论，不是自觉地在进行课程领导，而是在无意识的状态下从事课程领导行为。课程"自觉"，就是校长在课程领导过程中能运用课程领导理论，有意识地从事领导活动，更好地发挥领导的作用。新课程改革需要校长从"自然"走向"自觉"，成为有效能的课程领导者。

从两种极端走向领而导之。极端之一，认为校长是学校全能的领导者，事无巨细。你忙得过来吗？极端之二，认为校长是行政领导，课程由分管教学副校长领导。你能不管吗？两种极端都不好。校长曾经是首席教师，校长的角色（首席教师）回归，才能使校长真正指向角色的中心——课程与教学，才能领而导之。

从领悟理念走向融入学校。校长是教育思想的践行者，如何将课改精神落实到学校实践层面，将考量着校长的实践智慧。融入学校，就是一切从学校实际出发，就是"综合运用各类课程资源与灵活实施各类领导而产生的课程改革精神落实的校本推进力"。校本推进的途径有很多。比如，从微型课程入手开发校本课程；比如，国家课程的校本实施；比如，地方课程的校本深化。

从教师反思走向校长反思。教师成为反思的实践者已经成为一种共识，但是却很少提及校长要反思。校长不是一个天生的不思而知者，校长也必须学会反思。行动研究和反思把校长置于真实的校本情境中，通过研究领导过程中遇到的问题，提出解决问题的方法，促进校长课程领导的专业发展。校长，要做有思想的行动者。

从校长领导走向共同领导。传统的课程领导基本属于"独自"行为，新课改则强调"合作"。课程领导的主体不是个人，而是一个团队。校长不再是孤立的课程领导者，学校课程变革与教师、学生、家长和社区的利益息息相关，可以将课程领导权力分散给教师、学生、家长和社区，使学校利益相关者都承担一定的领导责任。学校领导机构必须转变各自为政的状况，组成由校长、中层领导、教师领导、学生、家长和社区代表参与的课程领导共同体，共同参与学校课程的领导工作。

从内部愿景走向外部借力。学校要有自己的课程文化和课程愿景，让学校课程全面、有特色和持续完善。校长的课程领导不能只在校内进行，校长的课程领导需要外部的支持和帮助。外面的世界很精彩，国本的、地本的、校本的，家长的、社区的、校际的，高校的、研究机构的，社会团体的，主管部门的，等等，皆可"为我所用"。

从忠实取向走向校本取向。课程实施有四种取向：得过且过取向、忠实取向、调适取向、创生取向。新课程实施过程是一个统一理念、理解标准、互动调适、主动创新的过程。我国以往的课程改革在实施上，采用的一般是单一的忠实取向，我们认为新课程改革，在实施上应采用基于校本的调适和创生取向。

从行政权威走向专业权威。校长没有行政权威是不行的，但校长仅有行政权威是不够的。现代校长不应满足于"行政权威"，而应成为真正的"专业权威"。人大附中校长刘彭芝积累了丰富的课程领导经验，当今教育呼唤像刘校长这样的"转型的课程领导"。上海中学校长唐盛昌构建学校课程开发的教师共同体，实现了校长课程期望与教师能力发展的匹配。

从"一力"提升走向"三力"融通。都说"要提升校长的课程领导力，要提升教研员的课程指导力，要提升教师的课程执行力"，我赞成，的确"校长的课程领导力"是最重要的，是需要再提升的。但不是说"校长可以不要课程指导力"，也不是说"校长可以不要课程执行力"，校长也是课程的指导者和执行者。校长要"三力"融通，当然，也要有所侧重。我以为，教研员和教师也应"三力"融通，只是各自有各自的侧重。

从课程领导走向价值领导。校长的课程领导不考虑应试层面是不现实的，但过于考虑应试层面是缺乏远见的。校长的课程领导应当从应试层面走向品牌层面。"课程领导=课程价值领导力+课程规划能力+课程开发能力+课程设置能力+课程实施能力+课程管理能力。"哪一"力"是你的"短板"？理当抓紧补上。校长应该成为有思想的教育实践家，有思想的教育实践家，就会在课程领导中体现价值领导，更会以价值领导来谋划课程领导。

>>> 19 >> 为学有道

随便读一本关于"校长角色"的书或文章,都会论及"校长是学习者"。

随便读一本关于"校长成长"的书或文章,都会论及"学习是校长成长之源"。

我们经常听到这样的声音:学校是学习场、文化场,教师是文化人,教师所从事的是"传道、授业、解惑"的事业,仅凭这一点,就可以锁定"教师必须要学习、学习、再学习!"

许多学校都在努力创建学习型学校,学习型学校必须要有一支学习型的教师队伍。换言之,学习型组织中的教师发展,要求教师成为学习者。

校长是"师者之师",更应成为"学习人"。

校长如何学?我有"八学观"。

一是"我要学"。

一位校长,若对学习处于"要我学"的状态中,学习对他来说,就是一种苦役、一种负担;若对学习有一种"我要学"的境界,学习对他来说,就是一种需要、一种享受。

"我要学",是一种精神状态,是一种进取精神。

"我要学"强调的是学习的主动性、独立性、自控性。"我要学"也是校长实现自主发展的关键因素。

学会自主学习,学会与不同专业背景的人在交流与协作中学习,学会运用现代信息技术高效地学习,学会在研究和创造中学习,这些学习能力是信息社会中的基本生存能力。

二是用心学。

北京大学附属中学副校长、特级教师张思明在其《用心做教育》("中国当代教育家丛书"之一)中有这么一段话:"用心做教育,我是快乐的。在用心中,我和我的学生都得到了发展,都找到了彼此的价值。只有用心做教育才能有机会成为一个好老师，一个受学生欢迎的老师，一个不断成长的老师。只要我们每一位教师都在用心做教育，那么我们和学生一起成长就是每天可以看见的现实，素质教育的春天就会常在我们身边。"

做任何事情都要"用心"，校长的学习也不例外。用心学习，快乐学习吧。

三是探究学。

研究性学习是近年来国际教育改革所倡导的学习理念和学习模式。从校长角度而言，我们倡导探究性学习，目的就是要着力培养校长的问题意识、创新精神、探究能力、个性风格和乐于探究的心理倾向。

校长唯有以研究者和体验者的眼光审视、分析和解决教学中、学习中的问题，在学习中探究，在探究中学习，才能促进自身的发展。

四是拓展学。

一位校长不能仅仅掌握专业知识。仅仅掌握专业知识是不能成为管理大师的。

不说别的，以校长领导课程面临的困境来说就有：校长在课程发展方面的专业知能不足；校长欠缺领导课程的专业知能；校长和课程与教学工作的疏离；校长校务过于繁忙；学校组织的扁平特性；课程决策系统的松散特性；校内人员参与专业发展的意愿不足；部分缺乏正确教育理念的家长介入校务；教育行政部门急功近利，追求表面绩效；校长任用制度不利于学校落实课程改革要求。

要提升校长的课程领导力，你能不拓展学吗？

五是致用学。

我们说，校长要拓展学，并不是说要泛泛而学。人生有涯而学无涯，知识是学不完的。校长的学习，一是要带着教育教学中的问题去学习，即有的放矢地学习；二是要把所学的知识运用到教育教学中去，即学以致用。把有的放矢和学以致用结合起来，就能形成良性循环，提高学习的效益和教育管理水平。

优秀校长的成长过程，就是一个不断学习知识和更新知识的过程，就是不断将所学到的知识运用于实践的过程。在实践中反思，在反思中学习，再继续实践，从而逼近教育的真谛。

六是灵活学。

学习的途径通常有阅读性学习、实践性学习、反思性学习、研究性学习和写作性学习等，这几种学习途径各有所长。其中写作性学习最为艰苦，但由于在写作过程中形成的观点和理论，是神思妙想的锤炼和升华，是思想感情的表达和抒发，虽艰苦却有愉悦。

校长应能了解其各自特点，并根据自己的情况，侧重学习其中一种或几种，也可以因时因事综合运用，灵活学习以求最佳的学习效果。

七是思辨学。

古人云："博学之，审问之，慎思之，明辨之，笃行之。""审问之"也好，"慎思之"也好，"明辨之"也好，都要求我们"思辨学"。

对于全新的理论、知识、观念、技能，我们必须认真地、刻苦地学，并尽快掌握。同时，我们更要注重活学活用，对新理论、新观点、新方法、新技能既大胆地吸收、借鉴，又灵活地将之与工作实践相结合，有选择、有批判、有针对性地加以应用，绝不能照搬照抄，生搬硬套。

八是网络学。

网络学习已从可能性向现实性转化。网络作为知识与信息的载体，蕴含着巨大的学习资源。通过网络进行学习，是现代人面向未来的明智选择，是实现自我发展的重要途径。为此，校长要更新学习观念，成为网络学习的支持者和实践者，具备使用和驾驭网络的实际能力。

网络是学习的工具，网络是学习的对象，网络是学习的资源，网络是学习的环境，网络是我们共同的家园。学会利用网络学习，是现代校长的一种基本素质。校长学会在网络环境下学习，可为校本学习成功实施起表率作用。

>>> 20 >> 班子"和而不同"

"和"是中华文化的重要内容,"和"已经成为人们生活方式、工作方式和思维方式所追求的最高境界。"和"的深刻内涵,也在很大程度上影响着我们处理学校班子之间的关系。

作为一个人,如果能做到"上下和声"——上级和下级对你都有较好的评价;"同事和气"——你的同级同事和下级同事都与你和气相处,就是比较成功了。但作为一个班子,我觉得就要辩证地看这个"和"。

"左右和声"未必最好。

过于"和",可能是"附和"或"凑合"。无论是决策还是议事,需要有一个论证和讨论的过程。这个过程可以是"从上到下"的,校长提出自己的想法,班子成员进行"论证"发言或"倾向性"表态,此时过于"顺应"校长,"论证"就成了"附和";这个过程也可以是"从下到上"的,对议题由低位到高位逐个表态,此时过于"和",经常会出现这样的话语:"这是我个人的意见,最后由校长说了算",校长说了算,你还说什么?

过于"和",可能是"随和"或"迎合"。教育之事涉及因素多,"教育工作"往往是充满辩证的。同一件事,基于不同的教育理念,就会有不同的教育评价和教育实践。经过充分论证的学校办学理念,班子成员理应积极践行,配合推进;对于成为学校传统的学校文化,班子成员就要继承、弘扬、完善和创新;对于需要进行探索的教育问题,就要"百家争鸣,百花齐放",就不能完全"听校长的",教育探索是不能"随和"和"迎合"的。

"和"与"不和",尽在"度"的把握中。过于"和"不好,过于"不和"可能更不好。

过于"不和",领导形象"大打折扣"。学校领导班子,如果过于不和,校长威信就会受到影响,副校长的工作就难以有效推进,中层做事缺失"方向感",广大教师在某些方面可能"无所适从","大打折扣"的领导形象给学校带来的是什么？

过于"不和"，学校决策"大受影响"。学校决策要"合谋共断"，"合谋"就是要让大家"出谋划策"，"共断"就是要"集体决断"。过于"和"约等于"无谋独断"，但过于"不和"就可能因非理性的"固执己见"，造成"议而难决"。

过于"不和"，容易形成"帮派体系"。班子过于"不和"，班子成员就容易"各立山头"，久而久之，教师也就有可能"站队"，有亲甲的，有亲乙的，有亲丙的，也有中立的，等等。一个形成"帮派体系"的学校，是难以远行的。

"和而不同"就会更好。

校长要营创科学民主的议事氛围。校长要根据学校工作实际，积极推出民主议事制度，并在实践探索中不断完善。民主议事制度，是推进学校民主治校的一项举措，是改善班子关系的一种手段，是实施和谐管理的一种模式。具体运作时，一是严格议事程序不走过场，二是营造和谐氛围不乱做主，三是强化责任考核不流于形式。

校长要善于听取不同的合理建议。在谋事议事中，校长可能有自己的想法，校长的想法未必是最佳的，此时"倾听"就是最好的做法。首先，"民"意不可违，这里的"民"包括学校班子成员、中层干部和广大师生。要用好民意资源，对民意资源要珍视、善待、深省。切记：民意不可不听，民智不可不聚，民情不可不察。

校长要创建合谋共断的决策机制。"合谋共断"的决策机制，能为"和而不同"创设良好空间。厦门一中新校区建设，时间紧迫，任务复杂，要按市里要求"超常规，不违规"进行，还要有监督机制。我们成立"基建领导小组"和"基建监督小组"，简称"两基"小组。谋略产生于"两基"小组，智慧发端于"两基"小组，争辩发生于"两基"小组，细节完善于"两基"小组。从某种意义上说，新校区的成功建设应当归功于"两基"小组。

"和而不同"的管理文化，可以用一个顺口溜来表达，即"小事要通气，大事多商议，重大事项按程序"。

小事要通气。理想的管理境界是校长集中精力办大事，但从现实的学校管理实践看，校长还要面对诸多"小事"，有时还无法摆脱一些"小事"的纠缠。

大事多商议。对学校的大事，不仅要商议，还要多商议，当然不是"议而不决"。校长首先要明确学校里哪些事是大事,并考虑这些大事何如在"商议"中完善、在"商议"中达成。

重大事项按程序。学校的重大事项是一定要走"程序"的。走"程序",可以规避风险,可以防止少谋独断,可以集思广益,体现学校管理的民主意识。

21 取势明道精术

"核心素养"已成为当下最炙热的教育词汇！

核心素养以培养"全面发展的人"为核心，分为文化基础、自主发展、社会参与三个方面，综合表现为人文底蕴、科学精神、学会学习、健康生活、责任担当、实践创新六大素养。

学生发展核心素养，主要是指学生应具备的，能够适应终身发展和社会发展需要的必备品格和关键能力；是关于学生知识、技能、情感、态度、价值观等多方面要求的综合表现；是每一名学生获得成功生活、适应个人终身发展和社会发展都需要的、不可或缺的共同素养；其发展是一个持续终身的过程，可教可学，最初在家庭和学校中培养，随后在一生中不断完善。

对这样一种时代的教育呼声，有人在思考，有人在犹豫，有人在质疑，也有人在观望，而"实小人"（厦门市实验小学团队）在理性探索的基础上行动起来，"在路上"了。难能可贵的是，当国家层面的分学科分学段的核心素养的主要表现和关键内涵还未出台之时，"实小人"就尝试在课程建构和课堂教学中"变革"了！

"实小人"的探索行动，敏于取"势"。这"势"就是中国教育改革与发展的大势。

中国学生发展核心素养的提出，是全面贯彻党的教育方针，落实立德树人根本任务的迫切需要；是适应世界教育改革发展趋势，提升我国教育国际竞争力的迫切需要；是全面推进素质教育、深化教育领域综合改革的迫切需要。

核心素养的提出，让教育改革进入了新的时代，从"双基"走向三维目标，再走向核心素养，是课改深化的标志；核心素养开启了素质教育的新阶段，是对素质教育内涵的丰富，可以使新时期素质教育目标更清晰，更具有指导性和可操作性；核心素养的实施，让教育"不忘初心"，从"育分"走向"育人"，回归教育本原，步入教育本真。

"实小人"之"敏",体现紧跟时代、前沿追踪、与时俱进,体现敢为人先、探寻变革、价值传播,体现一种远见、一种勇气、一种境界。

"实小人"的探索行动,基于"明道"。

今日教育之人,理应在"道"上做足文章,因为做教育就是一个明道、悟道、得道的过程。"教明其道",就是明教书育人之道,就是"做正确的事"。

教育是使人成为"人"的事业,其本义是人通过教育成为"全面发展的人"而获得幸福。

基于这样的认识,教育之道就应该是建立在以提升学生素养为价值取向,追求学生身心的全面发展、全体学生的共同发展,尊重学生的差异发展和学生未来的持续发展的教育观上的。

"明道"的"实小人",承担了教育部规划课题《基于学生核心素养的学校课程建设研究》,因为通过课程改革落实核心素养是核心素养"落地"的"三要素"之一。他们以课题为抓手,开启了一场基于核心素养统领下的学校课程变革,把学生发展核心素养作为课程设计的依据和出发点,有力地推动核心素养的落实。

"实小人"的探索行动在于"精术"。

天下万物皆不出道术,道不正则术不明,术不明则道难行。道与术只有合二为一,才能产生更大的能量。

学生发展核心素养既需要宏观的顶层设计、中观的课程建构,又依赖于微观的课堂教学。学生发展核心素养不是虚空的,它必须落实在课程开发与设计中,也要落实在学科教学中。聚焦课堂,"落到"学科,就是"精术"。

"实小人"积极参与、努力实验、悉心总结,聚焦核心素养,关注课堂变革,共同思考、碰撞与交融,为教育理想做有益的探索。他们选取了语文、数学、英语、体育、科学、综合实践等六个学科进行实验,取得了在核心素养指向下的教学主张和所进行的教学实验的总体情况的阶段性成果。他们说:"核心素养培育需要我们不断探索完善,这一过程永远都是进行时,而我们也会一直在路上。"

"教育理想高于天,落地方有百花园。"从核心素养的提出到核心素养培育目标的实现,究竟路有多远?作为一个教育人,我们应该看到核心素养达成的信心与前景。

"实小人"的探索行动,让我找到了一个真实的核心素养培育的厦门样本。

我们期待"实小人""在路上"的行动中，探索出更多更新的成果。

"不谋万世者，不足谋一时；不谋全局者，不足谋一域。""谋万世""谋全局"就是"取势"，就是志存高远、目标远大。"取势"后要"明道精术"，道主宏观，术主微观；道为抽象无形，术为具体有形；道是思想指导，术是操作执行。以"势"明"道"，以"道"驭"术"。

"势"要洞见，"道"要固守，"术"要创新。

>>> 22 >> 识才育才用才

校长要想把学校办出水平,就既要有重才之识、爱才之心,更要善于发现人才、培育人才和使用人才。"有好的教师,才有好的教育",说的是教师的重要性;"大学者,非有大楼之谓也,有大师之谓也",说的也是教师的重要性。

优秀校长深知"校以才立,教以才兴",一所缺乏人才的学校是难以成为品牌学校的。现代学校的发展,不仅仅要看教学设施、校园环境,更要看人才,"谁拥有人才,谁就赢得未来"。

校长要真诚地爱才,就要以事业为重,不以个人的好恶定取舍,更不能以血缘、地缘、人缘、家庭条件、利益关系、帮派观念为标准,校长爱才是校长办好学校的基础,是校长综合素养的体现。

校长要有识才之眼。

世有伯乐而后有千里马。识才是育才和用才的前提,校长要有识才慧眼,就是要学会运用行之有效的方法去发现人才。诸葛亮有个著名的识人"七观法",校长可借鉴用以识才。其法是:问之以是非而观其志(立场观点),穷之以辞辩而观其变(应变能力),咨之以计谋而观其识(见识谋略),告之以祸难而观其勇(困难考验),醉之以酒而观其性(自持能力),临之以利而观其廉(廉洁之心),期之以事而观其信(诚信之气)。校长识人,既要注意大处,又要关注细节;既要察其言,又要观其行;既要看其过去,又要看其未来;既要关注师德师能,又要关注师智师魂;既要观其学识水平,又要观其人格特征;既要全面地、立体地看人,又不能面面俱到、过于苛求;既要看其当下水平,又要看其发展潜能。校长要"正眼识人",切忌偏听、偏看、偏信而"看人走眼"。

校长要有育才之法。

即便是校长"识"出有才之人,也需精心培育,尤其是对青年教师和"可塑之才"。一是优势互补培育法,老教师师德好、讲奉献、有经验,"传帮带"青年教师,青年教师信息技术运用好、有热情、善创新,也值得老师学习。优秀校长总结的"老教师看家,中年教师当家,青年教师发家",还是蛮有道理的。二是运用激励培育法,可以是"目标激励","目标正前方,成功正前方";可以是"参与激励",让教师参与就是给教师以尊重感和信任感;可以是"成果激励",对教师教育、教学、教研和各种检查、评比、竞赛中取得的成绩进行及时的奖励,砥砺教师多出成果。三是进修学习培育法,尽量安排教师参加进修学习,适时充电,充实新知,更新观念,开阔视野;四是教育科研培育法,教师从事一项课题研究,要选题、论证、写文献综述,要计划课题、实施课题,要收集数据、整理资料、结题等,教师在完成课题的过程中"更专业地成长了"。

校长要有用才之智。

校长识才、育才的目的在于用才,有才不用,不仅是一种资源浪费,而且是对学校发展的严重制约。优秀校长的用才之道:一是不失时机、大胆使用。人才资源不同于其他资源,既不能保存,更不可能因保存而增值。及时用之,其"才"就能发展成优势和特长。反之,久而不用,其"才"必退。二是合理使用、整体优化。校长要知人善任,将不同之"才",放对位置,让岗位能级和人才能级相一致。校长还要扬长避短,尽可能用"才"所长,强化"有才无类"意识,实现人尽其才、人尽其用。同时,校长要注意学校人才结构的优化,让人才各展其长,各造其极。三是爱护使用、且用且育。"严格要求,但不苛求"是一种爱护;"压担子,压适当的担子""扶上马,走一程"也是一种爱护;及时解决人才在工作上的新挑战和生活上的新困难,创造条件让人才实现自身的价值。

校长的识才育才用才,还要注意几个问题。一是不能忽视对人才"德"的要求,坚持德才兼备的标准;二是用人不疑,疑人不用;三是不要渴求人才完美,也不能求全责备;四是适度容人,容人之短、容人之长、容人之过、容人之正;五是公平待人,做到一碗水端平;六是妥善处理好引进人才和本校人才的关系,"不可不用空降兵,不可乱用空降兵,不可全用空降兵"。

>>> 23 >> 人格魅力修炼

人格是指人的性格、气质、能力等特征的总和。魅力是指很能吸引人的力量。校长的人格魅力就是指校长的性格、气质、品质、德性、才能等个人综合素质在领导、管理、教育中形成和发展起来的独特的感染力、影响力和号召力的总和。

校长的人格魅力,是校长个人修养及综合教育素质的外在表现,是校长智慧办学中不可缺少的要素之一。如果我们说,校长的人格魅力是校长成功的非常重要的要素之一,我相信大家是不会有不同看法的。

事实上,人格魅力,是校长的作风、道德、能力等的综合体现,是产生校长领导威信的重要因素;人格魅力,是校长正确运用权力和威望的影响,使人自愿接受领导的一种积极情感;人格魅力,是校长发挥个人能动性和创造性的精神力量;人格魅力,是校长积极影响学校每一位成员产生良好工作行为的有效影响力;人格魅力,是校长各方面工作得以顺利进行的基本条件。

有人说,拥有人格魅力的校长,会产生强大的感召力,使学校的向心力和凝聚力大为增强。有人说,校长的人格已不仅仅是个人的事,其人格威望或人格缺陷与障碍将直接影响到学校的整体发展。还有人说,魅力型校长,以人格力量熏陶人,以心理力量吸引人,以专业力量影响人,以思想理念引领人,以真情服务打动人,以事业发展激励人。你看,把"人格力量"放在第一位,足以说明人格魅力的重要性。

有人认为校长高尚的人格特征表现在:大公无私,坦率真诚;严于律己,为人师表;加强修养,自我磨砺;心胸宽广,性格开朗;潇洒大方,以德报怨;平等尊重,服务大众;平易近人,充满激情。也有人认为表现为:有使命感、责任感、敏感性、创新意识、合作精神、有目标的行为强度等。而人大附中校长刘彭芝则认为:应该无欲则刚、有容乃大、带着爱心工作、带着激情工作。

校长人格魅力特征还有"四者"说:"一个政治过硬,道德高尚的贤者;一个乐学好问,知识渊博的智者;一个多谋善断,讲究领导艺术的能者;一个胸怀坦荡,心中有爱的仁者。"

我想,这些从不同角度对校长人格魅力作的特征表述,就可以让校长们努力向着"具有人格魅力的校长"这一目标奋进。

修炼校长人格魅力,要修炼什么?

一是修炼品德。品德是个人发展的必要条件,"小胜靠智,大胜靠德"。品德修炼,就像人的血脉一样,静静地滋润着、维系着人的价值观和人生观。校长,大小算个官,为官就要讲官德,就是要实实在在为师生做事,以师生为天,用权为师生谋利益。校长是"教育人",做人就要以德立人、以德服人,做"教育人"还要以德育教。谦为德,容为德,公为德,正为德,乃为人之德。明确使命、修养心性、善学慎行、秉持刚正,是品德修炼之道。

二是修炼思想。一个有人格魅力的校长应该是一个深度反思者。"思想有多远,我们就能走多远。"校长与教育理论工作者的区别就在于,校长不仅要有教育思想,而且要将教育思想付诸实践,并尽可能地取得成功。有思想才能成为一流的领导,有思想才能有凝聚力,校长的魅力是多方面的,但最重要的是思想上的魅力。理论积累、实践探索、辩证分析、真实教研、专家论证、恰当表述、修正完善,是修炼思想之道。

三是修炼心理。当今办学,校长压力日益加大,由此所产生的心理问题也逐渐增多。心理素质是否健全影响着一个人的人格。校长心理是否健康,对师生的成长和学校发展有重要影响。面对教育改革的深化,校长应该以一种良好的心理状态去面对挑战、迎难而上。校长的社会适应能力、良好的人际关系、稳定乐观的情绪、豁达的气度、较强的心理承受能力,都是校长要修炼的心理素质。

四是修炼能力。教育活动往往是复杂的和多方面的,它对校长的智力与体力提出了不同的要求,需要多种能力的结合。校长的能力素质应包括:决策能力、组织能力、表达能力、学习能力、教学能力、预测能力、应变能力、创新能力等。能力修炼,不是一朝一夕的事,需要长期磨砺。作为校长,穷尽一切能力不太现实,出现能力上的欠缺是必然的。但校长要有忧患意识,知不足才能求上进,努力为学校和自己的持续发展练就真"本领"。

最后与校长们共勉:校长是学校的一校之魂,具有人格魅力的校长,是全校师生的"精神领袖"。

>>> 24 >> 注意树立个人品牌

21世纪是一个讲求品牌的时代。

在竞争日益激烈的今天，个人品牌已经成为无法复制的职场优势。美国管理学家汤姆·彼得斯指出："21世纪的工作生存法则，就是建立个人品牌。"

就一般人而言，建立个人品牌，至少有以下方法：努力，不断地努力；不断地提升专业能力；谦虚的态度；内心的自信；学习能力；沟通能力；领导能力；亲和力；挫折容忍力；外表。

从《个人品牌塑造》（施隆光著）一书的目录中，我们或许会发现许多有价值的东西。作者说，个人品牌是事业成功的"信用卡"，是职场发展的"通行证"，是人格魅力的"展示台"。一句话，个人品牌是成功的"身份证"。作者还说，智商是塑造个人品牌的前提条件，情商是塑造个人品牌的必要条件，德商是塑造个人品牌的充分条件；形象设计是个人品牌的"质量展示"，性格特征是个人品牌的"差异品质"，策略规划是个人品牌的"促销组合"。

校长，是一校之魂，是师者之师，是学校发展的关键人物。优秀学校的发展过程往往与品牌校长的引领分不开。说起北大，人们会想起蔡元培；说起清华，人们会想起梅贻琦；说起南开，人们会想起张伯苓；说起南京晓庄师范，人们会想起陶行知；说起帕夫雷什中学，人们会想起苏霍姆林斯基……从某种角度说，校长的个人品牌成就了学校品牌。

人大附中与刘彭芝，上海中学与唐盛昌，北京十一学校与李希贵，上海七宝中学与仇忠海，洋思中学与蔡林森，无锡锡山高中与唐江澎，福州一中与李迅，翔宇教育集团总校与卢志文……这些校长让品牌学校"更品牌"！

说实话，并不是所有的曾经的品牌学校都有一位品牌校长。有些曾经的品牌学校，就因为没有优秀校长或品牌校长而"步入平庸"；相反，昔日一所普普通通的洋思中学嬗变为今日的"中国名校"，应该说就是有了一位品牌校长蔡林森。

作为校长，应该怎样树立个人品牌呢？

一是要有品牌意识。校长要树立品牌意识，品牌意识不是为品牌而品牌，不是为炫耀去创品牌，品牌意识的背后更多的是"崇尚一流，追求卓越"，更多的是"做更好的自己"，更多的是"常怀创新之心，探索创特之道"。创品牌的过程，就是追求"德"高一筹、"学"高一筹、"研"高一筹、"管"高一筹、"写"高一筹的过程。

二是要有奉献精神。校长人生的意义在于奉献自己的才华，校长人生的价值在于发掘人才，获取未来，获取学校管理的丰硕成果，校长用自己的智慧、勇气和境界，为祖国和人民的教育事业作出自己的贡献。不为名而工作，不为钱所诱惑，不为权势而心动，一心一意扑在教育事业上，这种奉献精神是校长去创建品牌学校的基本要求。

三是要有学识涵养。学识，就是所学、所掌握的系统知识和技能，其内涵和外延更为广泛。学识涵养是校长已有知识及技能和再学习能力的总和，在一定程度上标志了其思想、理念的深度和技能水准。做学问是做校长的本分，也是校长管好学校的基础。我们强调"再学习"，只有"再学习"，才能使校长不断完善自己的学识，并以广博的学识为形成品牌奠基。

四是要有人格魅力。校长的人格魅力，是校长个人修养及综合教育素质的外在表现，是校长的教育机智中不可缺少的要素之一。校长的人格魅力所产生的吸引力和感染力对师生的影响是巨大的，深远的。影响一个学校管理水平的因素有很多，其中起决定作用的是作为一校之魂的校长的人格魅力。校长，当以人格魅力为自己形成品牌增色。

五是要有创新智慧。创新智慧是智慧的一种类型，是对面临的问题能迅速、灵活、正确地理解和解决，从而改进原有事物，或创造新的事物。不会创新的校长，是很难成为品牌校长的。但不具创新智慧的创新，很可能欲"新"则不达。只有伴随着"智慧"的创新，才能创出真正意义上的"新"。此"新"一创，校长品牌初显。

六是要有特殊业绩。校长品牌的形成，往往与校长在某个方面所取得的特殊业绩分不开。北京十一学校的"面向个体的教育"被教育部推出，李希贵校长更"品牌"了；绵阳安县桑枣中学在汶川地震中无人伤亡，因为这一特殊业绩，校长叶志平被网友称为"最牛校长"；当年《人民教育》报道建平中学"合格＋特长"的教育理念时，也托起了一位品牌校长冯恩洪。

校长，应积极树立个人品牌，争取拿到这张成功标识的"身份证"。

>>> 25 >> 促进教师发展

教师发展是指教师生命潜能和价值的有目的、有方向、有策略的延伸和扩展。

校长要引领教师发展。教师发展目标的实现需要协调发展多方面，主要包括全面发展、自主发展、充分发展、专业发展、和谐发展。

第一，教师发展之"基"——全面发展。

所谓全面发展，是指每一个人自身所蕴含的全部潜能的多方面发展。政治思想上——为了民族的复兴，为了学生的发展；道德人格上——师德高尚，行为世范；智慧能力上——聪明颖悟，敏锐机智；文化知识上——科学与人文并重，广博与精深相融；身心素质上——体格健壮，开朗乐观。

全面发展不是平衡发展，也不排斥个性发展。

教师要全面发展，师德是基本条件，德能并重是稍高的要求，新课改呼唤教师智慧，教育文化促使教师要走向师魂的境界。

师德，就是教师的职业道德。师德是一个古老而崭新的话题，师德也是人类文明的永恒主题。有人说，崇高师德，就是要求教师在燃烧别人的时候首先要燃烧自己。所谓燃烧自己，就是学高为师，就是行为世范，就是人格感召，就是魅力熏陶。有人说，崇高师德不但是教育事业对教师的要求和新形势对教师的呼唤，而且是教师自我需求和自我创新的本源。

师能，就是教师的职业能力。教师教学能力的高低，直接涉及教师的教学效果和育人水平，是教师一项十分重要的职业修养。当一名教师容易，当一名好教师不易。时代在呼唤师德的同时也在呼唤着师能，而且德能并重才能树立新世纪教师的形象，才能更好地完成高要求的教育教学任务。熟练的教育教学技能，是师能；娴熟的课堂驾驭能力，是师能；灵活机动的教育机智，是师能；人际关系的处理能力，是师能。更新知识、学会学习，是师能；不断探索、力求创新，是师能；善用媒体、善于研究，是师能；审美高雅、身心健康，是师能。会上必修课,是一个层次的师能;不仅会上必修课,而且还会上选修课、活动课,开各种讲座,是高一个层次的师能。成为教学能手,是一个层次的师能,但要实现高层次的师能,教师还必须成为学者型的教师,即他还必须是一个教育教学的研究者。

师智,就是教师的智慧。由于教无定法,由于讲台虽小但含宇宙,由于我们面对着的是性格各异的学生,所以教学情景多样,所以教学难以预测,所以教学异彩纷呈。面对瞬息万变的教育情境,准确迅速地作出判断,恰到好处地妥善处理,从而收到理想的教育效果,达到最佳的教育境界,这就是教师的教育智慧。现代社会,一位优秀教师的智慧必须是精与博的有效结合。在专业技能和理论水准方面,必须力求精深;在人文精神和科研理念方面,必须力求广博;在一般智力结构和特殊思维品质方面,必须力求合理有效。应变性、直觉性、灵活性、巧妙性、幽默性是教师智慧的表现。

师魂,就是教师的灵魂。师魂是教师综合素质的体现,是教师的人格风范。"经师易找,人师难求",这里的人师就是指教师的人格风范。为人师者,方可以德育德、以才培才、以学促学、以趣激趣、以情动情、以性养性、以意练意、以行导行。师之魂,体现在教师的一言一行、一举一动、一点一滴中,既体现了自己的形象,又时时润入学生的心田。教师的职业是美好的,当师魂达到一定境界的时候,教师才将在对这种美好的理解和追求中,真切地体验并自然地表现出这种美好。师魂,是一种境界,更是一种职业操守。

第二,教师发展之"核"——自主发展。

所谓自主发展,是指发展不是外部的追求,而是主题内部呈现出的自发的主动的运动状态。"育人"是教师的天职,但必须以教师的"育己"为基础和前提。所谓"育己",其核心就是教师的自主发展。教师自主发展是教师个体自觉主动地追求作为教师职业人的人生意义与价值的自我超越方式。自主发展,是我要发展,不是要我发展。要自主发展,一靠自觉,二靠科学。

阿尔伯特·哈伯德所著《自动自发》,全球畅销。封面上有这样一段话:什么是自动自发?自动自发就是没有人要求、强迫你,自觉而且出色地做好自己的事情。

我们知道,与自主发展相对的是"他主发展"。"他主"是外因,"自主"是内因。外因是发展的必要条件,内因是教师能够实现发展的重要依据,而推动教师不断实现新的发展的动力机制就是"他主"与"自主"的良性互动。换言之,就是辩证处理好"要我发展"和"我要发展"的关系。

自动自发,是教师发展的一个过程,尤其是一个自主发展、自我完善的过程。自动自发,使教师在发展的弹性空间中达到相对理想的状态。自动自发,是教师发展的动力机制。

如果说自动自发是教师发展的条件的话,那么建立在自觉基础上的科学发展,就显得尤其重要。

科学发展,是指教师在了解自己角色定位、职责特点和革新特长的前提下,能选择切实可行的正向发展目标。它要求教师树立全新的发展观念和发展理想,掌握科学的发展方式和发展策略,避免片面发展、反向发展、异化发展或自然发展。

事实上,教师的科学发展是时代的客观要求,也是教育快速发展的要求。因为知识更新速度加快,要求教师必须科学发展。如果教师的发展跟不上知识的更新,则无法适应时代发展的要求。没有一大批适应教育要求的教师,谈提高教学质量、教学改革等问题就是空的。教师科学发展还是教师自我发展的需要,主要包括其工作是否有成就,决策和提案是否被采纳,工作兴趣和个人特长及创造力是否能充分发挥,自我发展的机会和自由的程度有多大等。此外,教师科学发展是促进学生全面发展的前提。如果教师不能科学发展,不能掌握现代教育理论和教育技术,自身素质不高,则难以有效实施素质教育,促进学生的全面发展。

第三,教师发展之"最"——充分发展。

所谓充分发展,是指最大限度地利用主客观条件,使自身的各个方面潜能得到最大限度的开发。把握、利用好自己的兴趣、特长,扬长避短,使自己优势方面的发展达到可能达到的高度,成为自己的专长。注意协调彼此,形成合力,不能顾此失彼,扬此抑彼,以便使自己的潜能和生命价值得到最充分展现。

任何一个智力发展正常的人,都具有一定的潜在能量,但这种潜能必须在研究中和外部作用的合力下才能得到开发和升华。因此,承认和开发教育者自身的潜在能量在教育事业发展中尤为重要,切不可忽视。每个教育者都客观存在潜能,只有当这种潜能被开发并释放于教育的客体对象上,教育者的能动发挥及创造力才可能趋于最大,教育事业的发展也才会步入快速、持续、协调的轨道。

源头无水,何以润禾?我们认为挖掘源头之水,开发教师潜能才是发展教育的治本之策。

教师潜能开发以人的潜能的存在为基础,以教育教学为背景,以学校发展为目标，以教师自我价值实现为归宿；学校采取多种途径使教师在教育行为和活动中，认识自身内在具备的适应教育教学环境、实现学校教育目的的各种自身条件和能力；通过教师自主教育行为、经验反思、群体影响，对教师的教育行为进行评价和激励，发展和优化教师个体和教师群体的教育教学条件和能力；使教师的教育自信心、积极性、自主创造力、自我更新力得到提高和增强，学校的凝聚力、向心力得到提升。

第四，教师发展之"本"——专业发展。

所谓专业发展，是教师在整个专业生涯中，通过终身专业训练，习得教育专业知识技能，实现专业自主，表现专业道德，并逐步提高自身从教素质，从而成为一个良好的教育工作者的专业成长过程。陈玉琨教授给教师专业发展提了五条建议：坚持教学相长，在师生交往中发展自己；反思教学实践，在总结经验中提升自己；学习教育理论，在理性认识中丰富自己；投身教学研究，在把握规律中端正自己；尊重同行教师，在借鉴他人中完善自己。

近来关于教师专业发展的书籍不少，关于教师专业发展的文章也很多，归纳起来大致可以从以下四个方面来考虑教师专业发展。

一是基于校本研究的专业发展。校本研究实质上是将学校实践活动与教育研究密切地结合在一起，使教师成为校本研究的主体，最终使教师成为研究者。一项校本研究，会带动一批教师素质的提高，促进教师专业发展。教师素质的提高，又促使下一轮校本研究深化，也就反过来要求教师必须提高自身的研究水平。教师研究水平的提高，又会在更高层次上促进教师专业发展。

二是基于教学实践的专业发展。教师的实践性知识，是经验的，也是智慧的。教师的实践性知识对教师专业发展有着不可替代的作用。教师实践性知识的发展，可通过多方面的交流和传承、多方位的思考和感悟、多层次的合作研究、多角度的教育叙事、多领域的社会实践来实现。行动研究可以说是为了解决理论与实践相分离的弊端而建立起来的，其对促进教师专业发展有现实意义。

三是基于教学反思的专业发展。《面对恐慌，授予锦囊》是郑金洲先生为"教师成长锦囊丛书"作的总序，文中说本领恐慌有素质恐慌、职业生存方式恐慌、角色恐慌和成长恐慌，还说克服本领恐慌是每位教师都要回答的问题，故授予锦囊之一"教师反思的方法"，可见反思对教师职业发展何其重要！因为反思是教师专业发展的必要条件和有效途径，反思为教师专业发展提供可能和内在动力，反思有助于教师提升教学经验并将其升华为实践智慧。

四是基于信息化环境的专业发展。教育信息化的功能特征包括：增强教育系统的活力、创设适合每一个学生学习的环境、提高学生适应信息社会的能力、提升教师的持续性专业发展水平、改善学校与社会之间的互动。教育信息化促使教师教育理念现代化，教育信息化加速教师角色转变，教育信息化促使教师素质现代化，教育信息化促使教师教学方法现代化。

第五，教师发展之"境"——和谐发展。

和谐，是主客观的统一，是多样性、多方面的统一。

所谓和谐发展，一是指个体内部各个方面彼此协调发展，互相支持；二是指个体发展与客观环境保持高度一致，而不是互相排斥。与自身和谐，就要求人格魅力与学识魅力相统一，内心和谐；与自然和谐，就是生态文明与政治文明和谐，物质文明与精神文明和谐；与他人和谐，就是妥善处理好合作与竞争、师爱与师严、个体与集体等关系；与发展和谐，是身心、事业、家庭的和谐，教育、教学、教研、竞赛、课外活动的和谐，拼搏、进取、休闲、娱乐的和谐。

我国处于转型时期，中学教师作为特殊的群体，正在承受着多方的压力，面临着巨大的考验。教育体制的改革与创新，教育岗位的竞争，聘任制，量化管理，课改挑战，等等，无一不使教师在知识经验、教学能力和心理素质等方面不断透支。教师工作量大，教育琐碎事务多，造成教师心力交瘁，出现教师职业倦怠。

教师一旦陷入职业倦怠的泥潭，将会对教学工作、日常生活产生严重冲击，有损身心健康，进而影响自己和周围人的工作、学习和生活。

面对如此繁重的教育、教学、教研等任务，学会"弹钢琴"是教师必须掌握的"师者智慧"。弹好教育与教学之琴，弹好教育、学习、研究之琴，弹好人格与学识之琴，弹好合作与竞争之琴，弹好工作与健康之琴，弹好事业与家庭之琴。

要改变社会大环境对教师的压力，校长很难做到。但作为一所走向文化管理的学校，校长可以设法改善学校小环境，努力营造促进教师和谐发展的学校文化。

>>> 26 >> 励师"达标""超标"

《教师专业标准（试行）》（以下简称《标准》）框架由基本理念、基本内容与实施建议三大部分构成。基本理念提出教师要以学生为本、师德为先、能力为重、终身学习。基本内容由维度、领域和基本要求组成，分别对幼儿园、小学、中学教师的专业理念与师德、专业知识和专业能力提出约60条具体要求。实施建议分别对教育行政部门、教师教育机构和幼儿园、中小学及教师提出了相关要求。

《标准》的出台是教育界的一件大事、一件好事。作为教育行政部门和教师教育机构，要以事业的使命、专业的水准、多维的视角，研究《标准》，细化《标准》，用好《标准》。校长要引领广大教师以积极的心态、职业的意识、发展的需求学习《标准》，领悟《标准》，努力"达标"，争取"超标"。

一是研究《标准》，用好《标准》。

《标准》虽然在基本理念和基本内容方面提出了要求，但对每一个理念和每一项内容的具体要求和解读还需具体研究，如此才能准确把握《标准》。比如基本理念中的"学生为本"，这本身就是一个很值得研究的大课题，郭思乐先生研究"生本教育"20年，我们对"学生为本"的研究到什么程度了？又如对四个基本理念之间的关系怎么理解，怎么"为本"、怎么"为先"、怎么"为重"，都值得研究。再如，《中学教师专业标准》中基本内容中的第28条"了解所教学科与其它学科的联系"，别看就这14个字，深入研究下去，就可以出版一部关于中学"科际联系"研究的著作。

研究《标准》的目的在于用好《标准》。因为《标准》是国家对合格教师专业素质的基本要求，是教师开展教育教学活动的基本规范，是引领教师专业发展的基本准则，是教师培养、准入、培训、考核等工作的重要依据，所以校长就要充分发挥《标准》的引领和导向作用，出台教师发展的具体措施，还要充分利用《标准》完善培训方案，充分利用《标准》重新制定教师管理制度，教师就要根据《标准》的要求谋划自身专业的发展。

二是师有《标准》，理当"达标"。

就现实情况而言，中小学教师缺乏专业形象。

管建刚在《不做教书匠》一书中有这样一段精辟的论述：

职业的专业形象不是由职业本身赋予的，它是由一群具有专业水准的工作着的人赋予的。职业的专业形象也不是几张诸如"教师资格证书""教师职称证书"就能赋予的，尽管学生、家长和社会都称我们为"老师"，但如果我们不能以行动赋予教师专业形象，教师专业形象就不会有实现的一天。

教师的专业形象是由教师的素养教师的文化、教师的气节、教师的胸怀、教师的智慧等构成的。

《标准》的出台，有助于树立教师专业形象。师有《标准》，教师要将《标准》作为自身专业发展的基本依据。

所谓专业发展，是指教师在整个专业生涯中，通过终身专业训练，习得教育专业知识技能，实施专业自主，表现专业道德，并逐步提高自身从教素质，成为一个良好的教育工作者的专业成长过程。

校长要引领广大教师认真学习《标准》，领悟《标准》要义，对照《标准》，按照陈玉琨教授给教师专业发展提出的五条建议，尽早"达标"。

教师还要对照《标准》，寻找自己的"短板"，扬长补短，全面提升师者素质。如《中学教师专业标准》中的第36条"具有相应的艺术欣赏与表现知识"，实话实说，在中学教师队伍里，对非艺术教师而言，真正具有"艺术欣赏"知识的教师并不多见，真正具有"艺术表现"知识的教师更是凤毛麟角。

三是细化《标准》，有利"达成"。

《标准》的制定，没必要也不可能写得很详细，但为了《标准》的"可操作"，为了深入理解《标准》，我以为有关部门还应该对《标准》的三大内容中的诸多"表述"或进行解读，或适当细化，或分出层次。

在《标准》的基本理念中，有"终身学习"一条，《中学教师专业标准》中的第18条"勤于学习，不断进取"就是谈"教师的学习"。"教师的学习"，就是一个可以研究和细化的问题。第一层次，教师要以学习为力量来推动自身的专业发展；第二层次，教师的学习是基于案例的情境学习，是基于问题的行动学习，是基于群体的合作学习，是基于个体的自主学习，是基于原创的研究学习，是基于经验的反思学习；第三层次，就可以将上述"六个学习"再细化。

在《标准》的基本理念中，有"能力为重"一条，但在基本内容中找不到具体对"能力"要求的表述，这就需要我们再解读、再分析、再分出层次。优秀教师的成长过程，是他们不断完善自己的素质结构，由小成到大成的过程。"细化"的目的，就是让广大教师有"小成"可达，"小成"达多了，"大成"也就"呼之欲出"了。

教育面临的挑战和冲击是空前的和多元的。对此，美国、英国和日本表现出了强烈的危机意识，对教师提出了新的要求。其中，日本要求教师必须具备适应时代变化的社会人必需的能力，包括自我表现能力、情感交际能力、多媒体运用能力、适应国际化的外语交流能力、基本的电脑操作能力、解决问题的能力、创造力、应用能力、逻辑性思考能力、可持续性自我教育能力、合作伙伴共事能力等。

四是立足"达标"，不唯"达标"。

如果我说："教师没有'达标'是不行的，仅有'达标'是不够的。"我想，我的这个观点，并不是所有的老师都能接受的。如果我把我的讲话改成："一个教师，没有'达标'是不行的；一个走向优秀的教师，仅有'达标'是不够的。"广大教师是会赞成我这个观点的。

《标准》是"最低的要求"，具有"底线性"。这不是我说的，《标准》在导言中连用了"三个基本"来说明：《标准》是国家对合格教师专业素质的基本要求，是教师开展教育教学活动的基本规范，是引领教师专业发展的基本准则。

现行的《英国教师专业标准框架》由五大层级构成，呈金字塔的形态。位于金字塔最顶层的是第五部分——大师级教师专业标准，类似于国内的"特级教师"。英国教师评价标准的最大亮点是其底线性、整体性、动态性和层次性。

我国出台的《标准》，仅有"底线"，没有"层级"。我觉得，校长可以根据学校实际情况，在《标准》的基础上再分出几个层级，比如达标教师层、经验教师层、骨干教师层、学科带头层、名师专家层等，让广大教师在"达标"的基础上看到更高的目标，并为之奋斗。

即便一时没能分出层级，校长也要激励教师，胸中有《标准》，进取无止境。认识自我、发现自我，是"达标"的基础；完善自我、战胜自我，是"超标"的关键；实现自我、超越自我，是"无标"的追求。从"达标"到"超标"，再从"超标"到"无标"，"不待扬鞭自奋蹄"，不断走向教育教学的新境界。

27 励师步入新境

有好的教师，才有好的教育。谁赢得教师，谁就赢得未来。一中教师，诲人不倦，教导有方，名师群起，托起了一中教育的璀璨星空。

"杰出人物是那些知道自己想要什么的人"，一中教师还要什么？我以为，还要步入新境。

师者素养：从"德能并重"到"升华智魂"。时代呼唤"德能并重"的教师，当更高层次的课程重构要有智慧、文化、生命的含量时，智慧之师才能更好地践行课改。而师之魂，就是教师的灵魂，就是教师的综合素养。

自我发展：从"他主发展"到"自主发展"。自主发展，是指发展不是外部的追求，而是主体内部呈现出的自发的主动的运动状态。教师自主发展是教师个体自觉主动地追求，是作为教师的人生意义与价值的自我超越方式。

进取精神：从"阶段发展"到"持续发展"。教师的进步与发展是一个终身的过程，而不是一时的或阶段性的。为实现目标，教师要不断学习，不断积累，补充能量，使自己具有不断发展、持续发展、终身发展的不竭动力。

学科气场：从"教学有方"到"教有主张"。基于教师自身的个性特质，提炼自己的教学主张，进而形成独特的教学风格和教学思想，成长为富有个性的教学名师，这是教师专业成长的必由之路。

自身素质：从"全面发展"到"全而有特"。一个优秀的教师，应是一个全面发展的教师，这是促进学生健康成长的良好基础。要成为一名有魅力的优秀教师，教师还必须努力成为有特色的教师。师者因"全"而厚实，师者因"特"而精彩。

生长阶梯：从"为学有道"到"思研行著"。教师仅仅学是不够的，还要在学的基础上，走向思、研、行、著的更高的境界。我学故我知，我思故我在，我研故我智，我行故我实，我著故我勤。"写"下教育发现、教育成果，勤于笔耕，写作不止，动力永存。

师生关系：从"学生之师"到"亦师亦友"。我们在作为一个教师的同时，更应该成为学生的朋友。时代呼唤新型的师生关系，新型的师生关系应该是教师和学生在人格上是平等的、在交互活动中是民主的、在相处的氛围上是和谐的。

课改之路：从"参与课改"到"深化课改"。课程改革一路走来，大方向应该肯定。广大教师积极参与课改，创新实践，打了一场课改攻坚战。回首来路，理清思绪，由教育理想、教育激情走向教育实践的理性和自觉，是课程改革延伸的基本逻辑。

教育意境：从"教精其术"到"教明其道"。道不正则术不明，术不明则道难行。今日之教育，过于追求"术"，把学科教学搞成了"解题术"，而忘却了教育教学之根本。这个"根"，就是"道"。道与术只有合而为一，才能产生更大的能量。

师者探域：从"学科经师"到"教育学者"。教师教着一门学科，逐年实践、积累和修炼，多数成为经师——经验之师。我们不能苛求每位教师都是学者，但一个优秀的教师应该是一个走向立足实践且善于研究的学者型教师。

育人境界：从"追求卓越"到"享受幸福"。一些教师在追求"卓越"的路上，忽视了对教育本原的坚守，把有温度的教育做得冰冷了，教育本该有的幸福就这样离我们远去了。这样的"卓越"，又有什么意义呢？师者，要优秀，要卓越，更要幸福。

工作状态：从"积极工作"到"健康工作"。身体好是工作好的基础，是学习好的前提，是教师必须明白的人生道理。有着健康的丰姿和活力的教师，才可以给学生超越课堂之外的美的教育。师者谨记，你的健康属于你自己，也属于教育。

著名特级教师于漪曾说："一个教师真正的成长就在于他内心深处的觉醒。"我相信，一中教师中会有越来越多的"觉醒者"。"觉醒者"会把"步入新境"看成是一种需要、一种追求，会自然而然地萌生积极向上的心态，会在自我心境中感受到所追求的人生价值。

中 编

管而理之那些事儿

>>> 01 >> 修炼组织力

组织,是安排分散的人或事物,使之具有一定的系统性或整体性。校长组织力,是指校长妥善处理学校内外各种人际关系和相关事物,以维持并推动工作和谐、有序、高效进行的一种能力。

校长组织力,从大的方面说,就是"用人"的能力、"理事"的能力和"整合"的能力。"用人",就是用好与学校相关的各种人,让每个成员尽可能"尽其才",让学校团队产生"无限的力量";"理事",就是要理好对行政、教育、教学、教研、学生活动等事项的安排与落实,使诸因素得到合理的最佳的运用;"整合",就是要统整好对人、财、物、时间、空间、信息等的安排与配置,也包括将人与事完美结合,让人在事中锻炼成长,让事在人手上尽善尽美。

先说"用人"。

其一,校长要唯才是用,这是成功用人的基石。成就事业用人为重,用好学校教师,成就教育大业;要破除旧格用人才,用人不能讲"关系",用人不能"唯资级论";切忌用人唯亲,任用人才要不徇私情,无私是用人的前提;教师队伍中,怪才者有之,爱提意见者有之,偏激者有之,校长应宽容之、包容之,砥砺其"各展其才"。

其二,校长用人要因事用人,这是合理用人的砝码。能职匹配,才尽其用,授任必求其当,用人必用人之所长;人事相符,因事设人,管理者要"劳于用人,逸于治事";综合互补,倍出效益,用人应通功易事,互利共生;用人要当其时,不要因没有空位而误才,不要因妒才而误才,不要因求全责备而误才,不要因无知而误才。

其三,校长要人尽其才,这是善于用人的道术。因人而异用人,慧眼识才,辨其良莠;用人不疑,任用就得信任,众心归一方能形成合力;校长要本质地知人,要客观地知人,要全面地知人,要历史地知人,要发展地知人,这样才能"知人善任";人之长处当发扬,而从人之短处中发掘出长处,善用"人之短",

实乃用人艺术之精华。

次说"理事"。

管理，管理，既要"管"，又要"理"。"既管之，又理之"，"管而理之"方致远。管理，"管"是前提，不"管"，势必一事无成，而"理"是保证，一所学校倘若只"管"不"理"，那么管理成效就难以保证。因而"理"相对"管"，显得尤为重要，管理一定要切忌"管"而不"理"。

学校之"管"，通俗地说就是用一系列的规章制度激发、约束学校的全部人员完成全部的工作任务。学校之"理"，通俗地说就是以理服人，理顺所有关系，使学校所有成员心悦诚服地工作。

如何处理好"管"与"理"的关系？应做到以下几点。

其一，学校管理，重在"理"而不在"管"。

一所好的学校，靠管是管不出来的，即使有严格的制度，也只能管住身，而不能管住心。管理的要义不是"管"，而是"理"。如若我们将"管"看成是自上而下具有刚性特征的话，那么"理"则表现出由内而外的柔性特质。人的积极性靠"管"是难以管出来的，只有理得顺，才能管得住。

其二，无为而"管"，有为而"理"。

校长是管理者的管理者，他必须把纷繁复杂的学校管理事务分化成每一个管理者的工作任务，让不同层次的管理者"忙"起来，让自己"闲"下来。这样，不仅可以使不同层次的管理者都感受到自己岗位的重要，而且校长还可以从琐事中摆脱出来，无为而无不为，真正做到统筹全盘，把握全局。无为而"管"，是"管"的艺术再现；有为而"理"，则是"理"的科学提升。作为校长，应在"理"上有所作为，变无形的"理"为有形的"理"。

其三，管中有理，不能为管而管，也不能为理而理。

首先，要有管，但是不能为管而管，只管不理。管理者不能目中无人、颐指气使，不能专制独裁，不能为制度而制度。否则，就会让人感到这个组织缺乏人情味，从而影响人的积极性和潜能的发挥。其次，要有理，但也不能为理而理，只理不管。管理者如果一味地强调人性，当老好人，有法不依、有违不纠、优者不奖、劣者不罚，那这个学校就会无章无法，人们各行其是，如乱麻一团。再次，管与理两者要有机结合，做到管中有理，理中有管。

再说"整合"。

其一，整合多种资源。学校对人力、物力、财力资源的利用是学校发展的前提，其他各类资源构成了学校发展的支持条件。校长要对各种资源进行优化配置，提高资源的利用率，使各类资源最大化地发挥效益。

其二，整合不同思路。为了促进学校发展和推进各项工作，每个人都会有自己的思路。不论谁先提出思路，都要经过研究和讨论，校长要集中各种意见，形成科学合理的学校发展思路，通过整合各种思路还会得到创造性的新思路。

其三，整合不同方法。学校管理方法很多，有行政方法、德育方法、教学方法、教研方法等，每种方法都适用于不同的情境，也会产生不同的效应。校长要能够熟练使用各种方法，并根据不同情况"整合起来"使用方法，以获最佳之效。

校长组织力的修炼，一是读些人才管理学方面的书，学会识才爱才敬才用才之道；二是学习先进的团队管理经验，努力形成学校团队的"部分之和大于整体"的效应；三是在实践中积累管理经验，领悟管理的"道"与"术"；四是加强制度建设，让好的制度达成"好的管理"；五是树立全局意识，训练全局思维，练就统整全局的能力。

>>>02>> 修炼经营力

经营，主要指设计、策划、营谋的意思。校长经营力，是指校长策划、营谋学校发展的能力。经营学校，是教育改革的新课题。时代发展，要求校长不仅要懂管理，还要懂经营；校长不仅是学校的管理者，还要扮演经营者的角色。

强调经营，并不是说校长管理学校走企业经营之道，两者之间有相同之处也有一些不同。相同之处是，学校与企业对于质量、效率的追求是相同的，以人为本的现代管理理念是相同的，持续发展的动力在于学习的观点是相同的，建设学习型组织和走向文化管理的趋势也是相同的。

学校经营与企业经营的不同之处，一是经营的目的不同，企业追求经济利益，为社会创造物质财富，学校追求社会效益，为社会提供优质教育服务；二是组织的策划不同，企业强调经济节约与生产效能相统一的原则，组织结构的设计要符合产品的生产、监督、营销与创新，学校强调教育质量与规模效益相统一的原则，组织设计要符合学生成长的渐进过程，要有利于教师劳动的创新；三是产品的经营不同，企业的产品一般是没有生命意识的物化东西，在产品生产过程中是单向性操作劳动，产品的营销具有短时性，学校的产品是一种教育服务，被服务者是一个生命体，教育活动往往是双向的，教育成果具有终身性。

管理学校与经营学校是两种不同的运行质态，其不同处在于：其一，管理学校，核心是提高工作效率，目标指向完成教育教学任务，校长关注的是上级评价和"对上负责"；经营学校，核心是提高学校的社会效益，目标指向学校的生存与发展，校长关注的是教育质量、社会满意度和"对下负责"。其二，学校管理，着眼于学校内部，办学相对封闭，不太关注学校与"市场"的关系；经营学校，办学是开放的，根据经济规律和教育规律，学校在"市场"中找准定位，彰显特色。其三，管理学校，校长强调按章办事，习惯于贯彻、落实、执行，遇到困难找"市长"，被动地"等、靠、要"；经营学校，校长考虑的是服务、竞争、生存和发展，遇到困难找"市场"，主动地"走上去""走出去""走下去"。

我们讲的学校经营，应该是一种富有教育特色的经营，是一种经营性的管理。校长要成为学校经营者，既要认识和把握学校经营的真正意蕴，又要坚守学校经营的教育性。切记，经营是手段，而不是目的。

学校经营的内容大致有经营学校理念、经营学校资源、经营学校特色、经营学校文化和经营学校品牌。

经营学校理念。办学理念，是校长基于"办怎么样的学校"和"怎样办好学校"的深层思考的结晶。成功的学校，成功的校长，重要经验之一就是高度重视经营学校办学理念。学校经营，首先是办学理念的经营。

经营学校资源。学校资源包括学校人力资源、财力资源、物力资源以及教育历史经验和有关信息资料等。在人力资源方面，发展教师是校长的第一要务；在财力资源方面，校长要关注教育成本，实施成本管理，营造效能文化；在物力资源和其他教育资源方面，校长要"物尽其用"，让"教育资源起效用"，并适时充实和扩大教育资源。

经营学校特色。特色学校创建是学校从一般走向"不一般"的过程，是学校从优秀走向卓越的过程。校长应树立"特色立校"的意识，将办学特色放在学校经营的突出地位，在特色的形成中使学校上升到一个新水平。

经营学校文化。学校文化建设不是可有可无的事，不是自生自灭的事，不是顺其自然的事，而是需要校长的积极引领和用心经营，需要全体师生共同营造，并逐步形成全校的共识和全社会的认同。

经营学校品牌。现代学校的竞争，在一定程度上可以说是品牌的竞争。校长必须树立学校品牌意识，创建品牌，经营品牌，维护品牌。当学校品牌初具影响力时，就要宣传推广品牌，适度延伸品牌，不断创新品牌。

校长经营力的修炼，一是要有"市场"营销意识，持续提高服务质量；二是要有成本意识，对私立学校的校长来说尤为重要，对公立学校来说，也有资源利用效率问题；三是要有品牌意识，教育品牌像其他商品的品牌一样需要"经营"；四是要有以消费者为本的意识，为消费者提供多样化个性化的服务；五是要有社会整合意识，充分利用社会资源，借力发展学校。

>>> 03 >> 修炼沟通力

沟通,是指两个或多个信息传递主体之间思想、信息与感情的传递和反馈的过程,以求思想的分享、信息的交流和感情的融洽。校长沟通力,是指校长为实现学校目标,采用各种形式、方法与学校教师及学校利益相关者相互分享思想、交流信息、融洽感情,以期达到促进学校发展的能力。

沟通是尊重人格、消除隔阂、增进友谊、达成共识的一剂良方,是心与心的交流。

沟通是校长实现科学决策的前提条件,是校长改善人际关系的必要手段,是校长提高工作效能的有效途径,是校长激励教师最廉价的方式,是校长争取支持、赢得人心的重要基础。

校长沟通的原则有:对话性原则,尊重性原则,换位性原则,倾听性原则等。校长沟通的方式有:口头沟通,书面沟通,体态语言沟通,电子媒介沟通等。沟通要把握好时机,该及时的则及时,该缓一缓的可缓一缓,该铺垫的要铺垫,该沉默时就沉默。

沟通有技巧,要成为优秀的沟通者,就要用好"心""眼""耳""口"。沟通从"心"开始,最高境界的沟通是"心"的沟通,校长要诚心,要知心,要虚心;沟通宜以"眼"传神,校长根据沟通情况适时调整眼神,增加眼神的内涵,眼神过处,"春暖花开";沟通要善于用"耳"倾听,不要中断话题,要细心地听取,要适度用"嗯""对""挺好"等话语回应,要学会听出弦外之音,要以包容之心倾听;没有"口"说就没有沟通,一方面要把话说到点子上,要把握说话的分寸,说话力求通俗易懂,不说过激的话,另一方面让"问"助推沟通,提出引导性问题,多用一般疑问句"问",不要一口气"问"多个问题,不问带有暗示性的问题。

作为校长,难免要和很多人打交道,每时每刻都存在沟通问题,具有良好沟通能力的校长,就要懂得"见什么人说什么话",这并非要校长迎合、奉承别人,而是说校长要懂得揣摩对方的心理，体会对方的情绪，运用最好的沟通方式，达成有效沟通。

校长与上级沟通。先要在沟通中明晰上级政策，还要不断向上级汇报学校的办学理念、工作业绩、特色品牌、存在问题、发展困难，争取得到上级的理解、支持、指导和帮助。与上级沟通的原则是服从而不盲从，尊重而不奉承，求实而不虚夸，镇定而不浮躁。

校长与干部沟通。校长与书记要常沟通，达成默契，虽有挑战但很重要；校长与副校长沟通，要充分尊重他们对所分管方面的意见；校长要以"中层是核心，中层最辛苦"的情怀与中层干部沟通，让他们了解、赞同或修正自己的想法并予以支持。

校长与教师沟通。尊重他们的意见，拉近同他们的距离，消除彼此间的误会，在诸多问题上达成共识，大家齐心协力共促学校发展。

校长与学生沟通。懂得他们的心理，掌握他们的学习情况和思想状况，了解他们的烦恼，说明学校管理中的某些规定，帮助学生走出困境，砥砺学生发奋而学。

校长与家长沟通。了解学生在家庭中的表现，倾听他们的意见和建议，指导家长掌握一些家庭教育方法，促进家校融合，赢得家长对学校工作的信任和支持。

校长与他校沟通。教育竞争让学校尤其是同"档次"的学校之间关系紧张，校长以"在竞争中合作，在合作中竞争"之心态，主动与他校沟通，建立相互信任、相互配合、相互协作的关系，以求取长补短、共同进步、共同发展。

校长与社会沟通。若校长善于与社会沟通，就能尽可能多地争取社会教育资源为"我"所用，学校的做法就能得到社会的理解，就能更好地传播学校的办学理念，树立学校良好的公众形象，优化育人环境。

上面所说的沟通，是常规的沟通，其实还有一些特殊的沟通。

校长与媒体的沟通。校长要"善解"之——媒体有其自身的运作规则和社会功能；"善待"之——以真诚的心态对待媒体，而不是"敌视"；"善用"之——借"媒体"之东风，展学校之形象。

校长与有误会的教师沟通。校长要先请与"误会者"亲近的人了解误会在何处，根据具体情况，校长选择适当场合与时机心平气和地进行谈心，解释这是一场误会，在一定场合证实这是误会，从而实现团结。

校长与被错怪了的教师沟通。校长有时是会错怪教师的，教师很委屈，又不愿找校长说，久而久之，必定影响工作。校长一旦得知，就要在第一时间与教师沟通，放下架子认错，并在适当场合给以纠正，消除影响。

校长与年轻教师沟通。肯定成绩为主且语气要坚定，倾听年轻教师的心声，真诚点拨他们的发展方向，适度指出他们某些方面的不足，帮助他们"释疑解惑"并解决一些具体困难，为他们提供平等竞争的机会，期盼他们脱颖而出。

校长与年长教师沟通。老教师是学校的宝贵财富，校长一定要珍惜好、保护好、使用好。平时要多尊重、多关心、多照顾、多问候，语气要温柔平缓。多与老教师谈心，重大事情先听听他们的意见，虚心请教，请他们出主意。

校长与女教师的沟通。女教师在中小学里大多超越"半边天"，女教师工作细致但气量相对较小，对细小问题较为敏感，沟通时要在表扬后提希望，在肯定后提不足，语气宜委婉平和。沟通时，在不触及她们隐私的前提下，多关心她们的家庭和生活。

校长与弱势教师的沟通。有些教师，他们虽努力工作但成绩欠佳，很少得到领导表扬和肯定。校长要有意识与这一"弱势群体"沟通，以平等心态倾听他们的声音，积极寻找他们的闪光点，充分肯定他们对学校做出的贡献并分析努力方向，共探"崛起"之道。

优秀校长在加强正式沟通的同时，还要非常重视非正式沟通。如校长与教师出差、用餐时的沟通，与教师散步、闲聊时的沟通，与教师运动、娱乐时的沟通等，这些非正式沟通在学校管理中有着广阔的实践空间。在学校文化管理被广泛认同的今天，非正式沟通的"柔性"功能，更能与文化管理"合拍"。非正式沟通有可能"擦枪走火"，校长一定要有宽阔的胸襟，以"善待"之心，或妥善处之，或冷处之，或回避之，毕竟是非正式沟通，没有必要事事较真。

校长沟通力的修炼，一是角色修炼，放下架子，主动沟通；二是心态修炼，境由心生，言为心声；三是方法修炼，沟通有法，贵在得法；四是人格修炼，以理服人，以情感人；五是语言修炼，良言一句，"冬日暖阳"。

>>> 04 >> 修炼智慧力

智慧，是指生物所具有的基于神经器官的一种高级的综合能力，包含感知、知识、记忆、理解、联想、情感、逻辑、辨别、计算、分析、判断等多种能力。校长智慧力是指校长认识、把握和运用智慧的能力。

王铁军教授说，校长智慧力提升是校长内涵发展的必然抉择。校长的智慧力表现为主动回应时代命题，引领学校发展的正确方向；校长的智慧力表现为关心师生成长和学校发展，谋取学校的内涵提升和特色生成；校长的智慧力表现为能够凝聚人心，开发潜能，打造进取、高效的教师团队；校长的智慧力表现为善于整合各种社会力量，不断拓展学校发展道路。

现代学校需要智慧型的校长，智慧型的校长应该具有领导智慧、管理智慧和教育智慧。领导智慧，是"取势"——探取教育发展之势；管理智慧，是"明道"——明晰学校管理之道；教育智慧，是"精术"——精通教书育人之术。

先说"领导智慧"。

领导智慧，是校长智慧的核心之所在。一个智慧型的校长，首先应该有先进的办学思想，树立正确的教育观、发展观、人才观、学生观、教师观、质量观，形成符合现代教育理念要求，能够凸显学校办学品位与特色，并为全校师生所认同的学校文化。学校发展，离不开校长的引领。当校长就要有目标，就要有思想，更要有智慧。

教育之事，过于理想，走不动；没有理想，走不远。星空理当仰望，实地更需脚踏。当教育理想遭遇教育现实挑战时，就考验着校长的领导智慧。要强调的是，校长的领导智慧可以"自谋"，也可以在"合谋"的基础上"共创"。

次说"管理智慧"。

管理之事，"广难杂变"。广，涉及人力、物力、财力、时间、空间、信息等；难，从制度走向文化，不是一件容易的事；杂，都说"细节决定成败"，一细下去"不杂才怪"；变，变是绝对的，不变是相对的。"广难杂变"，考验着校长的管理智慧和管理艺术。

就管理风格而言，太强势、太弱势都不好，现代校长，当强时则要强，宜弱时则需弱，可谓"刚柔相济"；就管理趋势而言，从"管而理之"到"领而导之"，从"制度治校"到"文化管理"；就管理取向而言，从"校长管理"到"共同治理"，团队就是力量，学校发展应合理"借力"；就管理境界而言，从"有所作为"到"有所不为"，大道无形，管理无痕，管理的最高境界就是无为而治；等等。这些都是管理智慧的体现。

再说"教育智慧"。

面对瞬息万变的教育情境，准确迅速地作出判断，恰到好处地妥善处理，从而收到理想的教育效果，达到最佳的教育境界，这就需要校长以及学校团队的教育智慧。

教育智慧是鲜活的，有生成、有碰撞才会有智慧的火光；教育智慧是民主的，畅所欲言、充分交流是展示师生才华的保证；教育智慧是深刻的，共同合作才能酿造醉人的成功美酒；教育智慧是自然的，矫揉造作只会给师生关系带来隔阂和冷漠。

教育教学中有引趣与引深、深入与浅出、讲透与留白、旧媒与新媒、预设与生成、教学与教"学"、"科内"与"科际"等，如何把握好"度"，需要教育智慧。

校长智慧力的修炼，一是丰富学养，底蕴丰厚乃"生慧"之源；二是实践探索，在实践中汲取智慧；三是拓宽视野，在新的感悟中产生智慧；四是全面思考，全面思考是理性思考、深度思考、辩证思考、善于反思，智慧在思考中练就；五是动静转换，动是激情，"情智交融"；静是静思，"静能生慧"。

>>> 05 >> 修炼执行力

执行是指管理者通过管理行为把决策所规定的内容变为现实,以达到预期目标的全部活动过程。校长执行力,是指校长通过建立有效的执行体系、执行机制和执行文化,把学校决策转化为学校发展结果的综合能力。

只有完美的执行才是学校发展的决胜因子。没有执行力,就没有学校的核心发展力;没有执行力,战略再好也是虚设;没有执行力,机遇来了学校却抓不住;没有执行力,学校无法发挥团队力量;没有执行力,前景再美也未必能到达。一句话,没有执行力,就没有学校的持续优质的发展。

阻碍校长修炼执行力的因素有:校长执行意识淡薄,执行体系失灵,执行团队不力,制度实效性差,对执行监控不力,学校文化缺失等。学校执行力低下的表现有:拖拉,死板,反复,推诿,粗放,找借口,因人而异,多头指挥,形式主义,细节缺位等。

构建执行力,要从成功决策开始。执行需要一个明确的目标,没有明确的目标就没有有效的执行;学校规划要避免短视,须有一个长远的目标;让教师参与到学校的战略制定中来,集思广益,教师参与决策更有利于决策的执行;将战略目标分解,使执行具有"可操作性"。

运行执行力,要积极找好会执行的人。让合适的人执行合适的事,"各造其极";给下属一些有挑战性的任务,让他们在执行中施展才华;适度授权,信任教师,激发潜能;让每个人都明确自己现在的岗位和责任,努力"做好你目前的工作"。

贯彻执行力,要先从校长做起。执行要从校长做起,校长是学校的"首席执行官";校长要深入一线,带领团队积极工作,检查执行效果;校长要不分亲疏远近,客观公正地评价执行情况;校长不仅自己要成为以身作则的执行者,还要成为教师提高执行力的"教练员"。

推动执行力,要发挥激励的效果。激励是推动执行力的重要手段,学校要建立一个完善的激励机制;教师群体,较之其他群体,更看重精神方面的激励;在一定物质激励的基础上,校长要注重"人文管理"中的信任激励、关怀激励等;校长还要不吝赞美,对不同岗位的教师,充分肯定其价值,给予不同的激励。

提升执行力,要加强学校内部沟通。充分的沟通,可以保障执行的各个环节紧密相连,对于提升学校的执行力,建立真正的执行文化,具有十分重要的意义;学校要健全沟通渠道,改善沟通环境,在沟通中传递有效信息;对于来自教师的意见与建议,校长要及时积极地反馈。

拓展执行力,要合理授权。合理的授权,可以使学校人力资源得到最大效能的发挥,是拓展执行力最有效的手段;授权是借他人之力完成任务;让教师在接受权力的同时接受相应的责任,是校长要注意的事;不仅要充分授权,也要有效控制,让"授权"与"控制"良性互动。

检验执行力,要通过评估反馈执行效果。评估,是执行反馈的关键,是执行改进的起点;作为检验执行力的有力手段,评估构成了有效执行力的管理基础;校长要确立标尺,制定一套合理的评估准则;既要用奖励回报优秀执行者,又要妥善处理执行力差的人员。

刺激执行力,要引入竞争机制。在执行中引入良性竞争,可以最大限度地激发出教师的内在潜力,主动将自己投入到执行中去;制定科学、合理的竞争机制,以鼓励拔尖、督促后进;良性竞争带来进步、活力和好的效果,无序竞争就会带来负面效果。

促进执行力,要培育执行团队。团队就是力量,校长要培育一支强有力的执行团队;教师的素质直接决定了执行的效果,提升教师素质是确保执行力有效落实的基本保障;人才的合理搭配,优势互补,各展其长,才能发挥团队的力量。

优化执行力,要创建执行文化。良好的执行文化,是学校提高整体执行力的内生动力;学校的执行文化是在学校的文化环境中,在执行理念统领下,人们所表现出来的一种自动自发把决策转化为结果的群体氛围和群体能力;校长要逐渐让广大教师从意识深处认同学校倡导的执行观念和执行方式,最终形成一种目标明确、注重结果、团结合作、监督有力的执行文化。

完美执行力,要革除五个"不行"。"讲过了"还不行,讲过了还要"盯";说"我不会"不行,还必须"练";说"不可能"不行,"逼"一下就"逼"出"可能"了;"找借口"不行,要追求"没有任何借口"的工作态度;"做对了"还不行,必须"做好了"才行。

校长修炼执行力，一是精选几本与执行力有关的书籍认真研读，系统掌握执行理论；二是加强执行技能（包括用人能力、计划能力、观察能力、分析能力、细节能力等）训练，形成一定的执行技能；三是加强执行修养，执行知识和技能是"硬"素质，执行修养（包括执行意识、执行心态、执行意志等）是"软"素质，执行当"软硬兼施"；四是强化执行角色，校长不仅是学校发展蓝图的规划者，也理应是实现蓝图的执行"首席"；五是将"狠抓落实"永驻心中，因为"落实才是硬道理"。

>>> 06 >> 修炼应变力

应变是指人在外界事物发生改变时所做出的,可能是本能的,也可能是经过大量思考后所做出的决策。校长应变力,是指校长面对新情况和新问题,在复杂多变的教育和学校环境中,能不拘常规、善于变通和灵活处置的能力。

校长应变力表现为:敏锐的洞察力,能从细小的征兆中察觉变化的到来;掌握准确、可靠的信息,及时把握各种变化情况;发现变化的可能性时,能及时做好应变准备;能准确判断变化性质,对正确的"变"推动,对错误的"变"制止;在突然的、不可预料的变化面前,能沉着镇定,及时采取果断措施。

时至今日,变革已成为学校发展的一个重要方向,面对不断变化的条件和各种突发事件,校长应保持清醒的头脑,沉着冷静,不失时机地调整规划,灵活把握,趋利避害,果断处置,争取最好的效果,这是校长应变力的实质。

教育的"不变"与"变",是一个值得我们思考的问题。"变"是绝对的,"不变"是相对的。"不变"与"变"——学校在坚守与创新中前行。教育本原、教育良知、教育规律不能变,要"变"什么、怎么"变",对"变"的途径、策略、方法等,都必须认真思考和论证,想清楚了再"变",不能盲目乱"变"。校长应变要做到:审时,度势,因势而变,与时俱进,创新发展。

面对学校管理的应变。美国管理大师德鲁克曾说:"管理中的变化是保证一个组织立于不败的硬件。"任何一个管理者都要在"变"字上下功夫,应当在不断的变化中抓住发展机遇,调整工作方式方法,合理处置发展中的新情况和新问题,使学校在"变"的过程中保持稳定。如把"教案检查"变为"教案展览",就是管理之"变"。

面对课程实施的应变。课程实施有四种取向:得过且过取向、忠实取向、调适取向、创生取向。以往的课程改革采用的一般是单一的忠实取向,新课程改革,就应采用基于校本的积极调适和主动创生取向。"调适"是"变","创生"也是"变"。从课程管理走向课程领导,是一个层次的"变";从课程领导走向价值领导,是高一个层次的"变"。

面对课堂教学的应变。从学答走向学问,从学会走向会学,从知识走向方法,从好玩走向玩好,从智商走向情商,从题海走向题根,从无疑走向生疑,从教会走向教"慧",从教学走向教"学",从"科内"走向"科际",从学科走向跨科,从随性走向诗性,从本本走向超本,等等,这些都是教学之"变"。

面对突发事件的应变。应对和处理突发事件的程序是:迅速隔离险境,成立应对小组,全面调查研究,科学制定决策,正确贯彻实施,预防危机再生,认真评估总结,重新塑造形象。应对得好,化解得好,就能化险为夷,变危机为契机。对危机的最好"应变"是树立危机意识,没有危机意识,危机来临时就会惊慌失措,而有高度危机意识的学校,则能从容应对困境,消除隐患,使学校居安发展。

面对教师行为的应变。如今教师"压力山大",有可能出现教师对学校的善意安排不领情、对学校的工作唱反调、对学生实施"冷暴力"等,如何应对教师的这些行为,考验着校长的应变能力。冲突是学校无法避免的现象,校长要设法降低冲突的危害度,或个别沟通,或细致解释,或按规处罚,或晓之以理,具体情况具体"应变"。

面对学生行为的应变。学生是成长中的人,成长中的人就有"成长中的问题"和"成长中的烦恼"。如逃课,上课玩手机,在校内偷偷吸烟,等等。现代学生是诸多矛盾的统一体,要使应对要有效,校长和广大教师就要深入学生的心理世界,针对学生充满困惑和矛盾的心理特征,寻求"破解之策"。

面对家长行为的应变。现在绝大多数家长对孩子的期望值很高,对学校的教育教学要求也高。面对"众说不一"的家长诉求,校长有时"一筹莫展",家校之间可能产生一些矛盾,也可能发生一些偶发事件。出现家校矛盾,校长要积极与当事家长沟通,"坦诚妥处"问题,并与家长一起探索"共育新人"的方法。

校长修炼应变力,一是学点哲学,提高哲学素养,因为"不变"与"变"是个重要的哲学命题;二是学习先进的教育理论,练就善于识别各种教育思潮的"慧眼";三是了解和遵循应变的基本原则,如应变的时限性和科学性相统一的原则,应变的眼前利益和长远利益相结合的原则等;四是学习应变的主要方法和技巧,如"急则治标,缓则治本"的技巧,某些时候的"以不变应万变"的技巧等;五是积极主动地进行学校应变处理实践,应变能力只有在解决问题的具体实践中才能形成和提高。

>>> 07 >> 常规管理探新

优秀校长，一手抓常规，一手抓改革。抓好常规，就能确保学校教育教学质量的稳步提升；抓好改革，就能寻求学校教育教学的变革创新。

学校的常规管理，简言之，就是对学校常规工作的管理。学校的常规工作，就是学校管理中那些繁杂、琐碎、经常性的工作，它既包括程序性的具体工作，也包括操作性的事务工作。学校常规工作具有琐碎性和反复性、复杂性和向心性、直接性和及时性、扎实性和持久性。常规管理是学校管理的基础，常规管理的水平反映着一所学校管理者的素质。

最常规、最平常的事也是最难做的事。谁做好了最常规、最平常的事，谁就能取得事业的成功。就学校而言，只有踏踏实实地抓好常规管理，学校的科学管理才有基础，学校的文化管理才有载体。

抓好常规管理，要注意处理好以下几个问题。

一是"管"和"理"的问题。抓好常规管理，体现在学校的管理细节上，校长管理要先理后管，多理少管，边理边管。首先要理顺，然后才能管。

二是在抓常规中抓出特色。校长要在抓常规中找特色，在抓常规中培植特色，让特色成为学校的"亮色"，成为学校的品牌。

三是要注重制度构建与操作程序设计。制度构建要体现"全面、全员、全程"的特点，制度的"完美执行"在于设计制度操作程序。两者相辅相成，相得益彰，不可偏废。

四是常规管理重在落实。学校常规工作，如果没有操作层面的落实，工作成效就会大打折扣甚至落空。学校常规工作落实之日，就是管理效益体现之时。

五是"常"和"长"的问题。常规管理，要在"常"和"长"上做足文章。"常"，是指对学校日常的管理、常态的管理，"长"，是指对常规管理的长期坚持。"常"是"长"的基础，"长"是"常"的保证。

六是常规管理切忌"管死"和"死管"。常规管理也要体现"弹性化"和"人性化",这是培育常规管理新境的前提,"管死"和"死管"的常规,其行不远。

七是初抓常规,可以"具体化"。比如提出开展"十个一"活动,每周至少发现一个问题,每周至少发现一处工作亮点,每周至少提出一条工作建议等。

八是"循规"与"破规"问题。循规,就是按"规"办事,常抓不懈,强化责任意识,事事有规范,处处抓过程,环环重精细,完美地完成每项工作;破规,就是打破常规,常抓常新,常规的与时俱进,就是教育适应时代发展的新举措。

九是活抓常规,动态管理。教育工作"广难杂变",只有把不断变化的实际与相对稳定的常规有机统一起来,才能使常规管理更具灵活性,更有针对性。常规,理应在科学调控和不断完善中变得更有"活力"。

十是常规要与"信息技术"结缘。常规管理,应坚持抓反思、求提升,抓精细、求完美,抓执行、求速度,抓流程、求效果,每一环节都会耗去教师不少精力,学校应注意让常规管理在信息化背景下,变得更简约,变得更流畅,让教师更好地"静心教书,潜心育人"。

说到常规,有校长感言:"常规管理精处是过程,深处是制度,高处是文化,最高境界是有教无痕,润物无声。说到底,它是对人的管理,目的是为了人的发展。"

08 精细化管理

老子说："天下难事必作于易,天下大事必作于细。"这启示我们:要把事业做成功,必须从简单的事情做起,从细微之处入手,将小事做细、做精。

"精细",就是精密、细致之意。精细化管理,是指精密、细致的管理,即用精心的态度实施细致的管理,以获取精品的结果。

精细化管理,就是落实管理责任,将管理责任具体化、明确化,人人都管理,处处有管理,事事见管理。精细化管理,要求权力层层有,任务个个担,责任人人负。精心是态度,精细是过程,精品是成绩。

总结学校成功与失败的经验,其中重要的一条就是管理有没有精细化。精细化管理是与粗放型的学校管理相对立的,粗放型管理的校长的特点是"忙忙碌碌开会议,热热闹闹搞招待,糊里糊涂搞管理"。精细化管理是"用心工作,爱心育人,真心服务"的教育思想在管理中的具体体现,其目的就是把平时看似简单、很容易的事情用心、精心地做好。"学校无小事,事事皆教育",将精细化管理理念引入教育领域,用于学校管理是必然趋势。

显而易见,学校管理精细化,有助于学校管理迈上科学、规范与可持续的发展之路。

精细化管理措施有五。

一是让"精细思想"成为共识。校长要通过制度设计、文化引领,让精细化管理思想成为全体教职员工的共识。从简单的事情做起,从细微之处做起,去逼近教育本真。

二是养成"精细"习惯。校长要引领教职员工不断改变粗放的工作方式,事事力求"精细",并长期践行,形成习惯,当"精细"成为一所学校多数员工的习惯时,这所学校的发展就渐渐进入了品牌营创阶段。

三是把"小事做细,细事做精"。小事做细,宜先从大事着眼小处入手,这样才能达到全面的"做细";细事做精,宜先对所要做的"事"全面了解,摸清做事的时间节点和目标,这样才能步步"做精"。

四是要"明确职责,责任到人"。实行"谁分管的谁负责""谁的岗位谁负责"的岗位责任制,这样既可激发人的责任感、成就感和使命感,又可使学校管理步入适度竞争的状态。

五是有"追求完美"的愿望。从某种意义上说,精细之路,是一条追求完美之路。"人无我有,人有我优,人优我精,人精我妙",就是一条不断追求完美境界的学校特色发展路径。

进行精细化管理,可分解到多个层面。精细化的校园环境管理,使校园更优美和谐;精细化的课堂教学管理,使课堂更生动精彩;精细化的考核制度管理,使考核更科学合理;精细化的分层分块管理,使效益更高效长效。

进行精细化管理,要注意如下几个问题。

第一,学校精细化管理不是人为制造工作、随意增加工作环节,而是把事情办得更实在、更全面、更理想,增强真实性,避免虚浮作风,提高精细性,减少工作失误的需要。

第二,精细化管理是一种境界,它既不能一蹴而就,也不是高不可攀,它就存在于日常工作的每一个细节之中。精细化管理,本身就是一项长期的、精细的工程。

第三,现代管理认为,管理有三个境界,一是规范化,二是精细化,三是个性化。因此还有个"精细化后"管理的"个性化"管理境界。

第四,精细化管理,不应是机械、僵化的管理,而应突出以人为本的管理思想,渗透情感交流的管理方法,使精细化管理收到最大值的效益。

第五,精细化管理,不是"整齐划一"地管理教师和学生,而是要为学生成长和教师发展进行精心的策划,从而步入"差异发展"的新境界。

第六,精细管理中的"细",并不是细枝末节的意思,应该是"细分"的意思。分出"轻重"是一种"细",分出"急缓"是一种"细",分出"紧要之事"也是一种"细"。

第七,精细管理中的"精"字,并不是精微的意思,而是"精心"的意思,是指在学校管理过程中,对教育教学过程和具体的事项,哪怕在比较微小的部分或者事项中,也要投入足够的智慧去思考和谋划。

第八,精细化管理,不是要求学校把方方面面的小事当成很大的事去管,而是要求学校能够通过对学校工作过程的全面分析,对看起来的"细节问题"做"精心分析",把学校教育教学质量和整体管理成效"做到极致"。

>>> 09 >> 学校文化管理

我当校长期间，凡出新书，教育类的就送给全校教师，数学类的就送给数学教师，管理类的就送给学校管理者，我期盼老师们来看我时，送我一本自己写的书，或买一本觉得我应该读的书送我。我深信，一个爱读书写书的校长必将可以营造一个真正意义上的书香校园。

这就是我的文化期待。

文化是土壤，能孕育生命、滋养精神；文化是根，是组织的基因和沟通的精神家园；文化是心，是理念、道德和价值取向；文化是道，是道路、方向、使命、愿景和旗帜；文化是风，是风气、氛围、生态、气场、风尚和习气；文化是气，是精气神、士气、骨气、志气、勇气和气节；文化是力，是磁力、凝聚力、向心力和感染力；文化是手，要去实践和行动；文化是脸，是组织的标识和形象；文化是"我"，是个性、独立独特、与众不同。

学校文化是学校在长期的办学实践中，经过自身努力、外部影响、历史积淀而逐步形成的，体现为学校所拥有的理念、制度、管理、行为、校风等。

管理是运用一定的原理、方法和手段，通过一系列活动，调动组织成员协调行动，合理利用各种资源，有效地实现组织目标的过程。

学校管理所研究的是如何把学校的各种资源，即人力、物力、财力、时间、空间、信息等组织起来，处理好学校内外的各种关系，通过教育教学，为社会培养人才。

学校管理不仅是一门科学，而且是一种由其自身的价值观、信念、工具和语言所构成的文化。

文化管理就是"人化管理"，就是以人为出发点，并以人的价值实现为最终管理目的的尊重人性的管理。文化管理与科学管理有九个方面的不同。

从管理的中心看，由科学管理的以物为中心（以技术为中心，以生产为中心等）转变为以人为中心。在文化管理中，人既是管理的出发点，又是管理的落脚点。对内管理,以职工为中心;对外管理,以顾客为中心。如果说科学管理是非人性的管理,那么文化管理是人性化的管理。尊重人,关心人,培养人,激励人,开发人的潜力,成为文化管理的关键。

从管理的人性假设前提看,科学管理把人看作"经济人",以"性恶论"为哲学基础;而文化管理把人看作"自我实现人"和"观念人",以"性善论"为哲学基础。在科学管理中,把人仅仅看作成本;而在文化管理中,人是待开发的潜力巨大的资源。

从控制方法看,科学管理以外部控制为主,重奖重罚是主要手段;而文化管理将中心内置,依靠人文关怀等激励手段调动、激活行为主体的内在需求和动力,追求主动发展。

从管理重点看,科学管理直接管理人的行为,职工的一言一行都有制度约束,是典型的法治;文化管理着眼于管理人的思想(信念和价值观),间接地影响人的行为,是一种新的管理方式——文治,即以文化来治理。

从领导者类型看,科学管理领导者恰似乐队的指挥,属指挥型领导;而在文化管理中,领导者则像导师和朋友,属于育才型领导。

从激励方式看,科学管理以外塑为主,依赖于工作的外部条件;文化管理以内激为主,着重满足职工的自尊和自我实现需要,依赖于工作本身的魅力。

从管理特色看,科学管理的特色是纯理性管理,排斥感情因素;而文化管理的特色是将理性与非理性相结合,是有人情味的管理。

从组织形式看,在科学管理中,权力结构明确,是"金字塔形"组织;而文化管理中,权力结构模糊,管理者与被管理者更为平等,类似于网络状扁平组织,换句话说,是平等沟通、自我学习的学习型组织。

从管理手段看,科学管理依靠强制性的制度和物质手段的投入;而文化管理则依靠思想的交流,价值观的认同,感情的互动和风气的熏陶,即依靠非强制性和非物质手段的投入。管理由以硬管理为主,走向软硬结合,以软管理为主,这就是管理的软化趋势。

文化管理的本质是"以人为本"。以文化为基础,强调人的能动作用,组织结构呈扁平化,具有灵活性、柔性、跳跃性和速变性的特点。学校文化管理,是时代的呼唤,是学校管理发展的重大趋势。学校文化管理是对传统管理的历史超越,有取代传统管理的必然性和可能性。

学校文化管理的原则是追求发展、崇尚尊重、适应变化、达成和谐。学校文化管理的评判标准，可以从五个"是否"来评判：是否实行以人为中心的管理；是否努力培育学校的共同愿景；学校制度与群体价值是否一致；是否实现了育才型领导；是否将硬管理与软管理有机结合。

学校文化管理是一种重视软要素的管理，这些软要素包括价值管理、人性管理、激励管理、情感管理和团队管理。这些软要素，我们将在接下来的篇目中论述。

学校文化管理的新境界——文化就是力量，任何学校都需要这种力量。

>>> 10 >> 学校价值管理

近年来,"价值""价值观""价值取向""价值追求"在教育界出现的频率非常高,这至少说明"教育热点"更多地指向"价值"。价值,在教育领域属于哲学范畴,指客体(实体或关系)满足主体(个人主体或集体主体)需要的程度,反映了主体的主观需要、偏好与理想。

关于价值的本质,存在多种观点。教育界所说的"价值",我倾向于"抽象说",这种观点认为,价值是抽象的信念、理想、规范、标准、关系、倾向、爱好、选择等等,它看不见、摸不着,但是却时时、处处在起作用,指导人的思想,支配人的行动,评价某一事物就是来源于并反映了抽象的理想价值。

学校文化主要指的是价值观,学校应积极运用价值观为学校的舆论、活动和行动立一种导向。学校价值管理指的对是教育思想、教育理念的管理,也就是苏霍姆林斯基所说的"领导学校,首先是教育思想上的领导"之意。

优秀校长是重视学校价值管理的校长。因为学校价值观,是学校的价值取向,是学校推崇的基本信念,是学校文化的核心基石。

简言之,学校价值观是学校的教育宗旨。因为学校价值观展示了学校的基本性格和公众形象,学校价值观决定了学校的教育政策和战略目标,学校价值观左右了师生的共同愿景,学校价值观影响了学校的根本信念和发展方向。

正确的学校价值观应当遵循的原则是:人的价值高于物的价值,共同价值高于个人价值,教育价值高于经济价值。

正确的学校价值管理至少包含以下内容:以人为本的管理理念,民主科学的决策机制,科研兴校的办学思路,开拓创新的变革精神,追求卓越的发展意识,真挚热情的服务观念。

如何落地学校价值管理?

陈玉云在《学校价值管理路径探析》一文中提出了"整合、引领、转化"三条路径。

第一，价值整合：构建核心价值理念。对学校中游离的、独立的、碎片的价值观进行辨析，经过民主建构和多方评估，滤出积极的价值观，再整合、凝练出一个核心价值理念，实现对学校管理、教育教学等行为的统摄和引领，实现学校的持续健康发展。

第二，价值引领：提升师生精神品质。有了核心价值理念，就要通过各种途径加以倡导，从而提升师生的价值追求和精神境界。价值引领的一个重要途径就是要能引领"集体话语"，让"集体话语"体现学校团队的精神世界和价值走向。

第三，价值转化：优化学校办学行为。价值转化，就是把学校核心价值追求真正转化为学校办学行为。行为是价值观念的具体体现，学校核心价值理念如果没有在办学实践中"落地"，不能被内化为师生的行为，这种核心价值理念就没有任何的内在价值，只是一种外在的形式而已。

《学校文化管理新思维》（陶然编著）一书，提出了四条路径。

第一，融价值观于生活哲学。学校价值观树立的关键在于全体师生的认同，使师生的个人目标与学校的信念自觉保持一致。校长要通过各种努力，将学校价值观融入到师生每天的工作学习生活中，在"生活"中促进价值观的发展。

第二，化价值观于情感交流。校长要在师生中树立学校价值观，其基础在于以情感人、感化人心。在工作中强行灌输不会取得好的效果，相反，一个小小的问候往往能使师生更加关注学校，更加关注学校形象，从而自觉践行学校价值观。

第三，树价值观于内部沟通。学校可以通过发布信息明确表示赞成什么，反对什么，明确学校价值观；还可以通过内部沟通，实现校长与师生之间的彼此理解和了解，在沟通中，达成学校价值观的"上下同欲"，和谐相融。

第四，立价值观于身体力行。为了确立一种学校价值观，校长除了坚持不懈地传播，还要以身作则，忠实地信守学校所倡导的价值观，成为学校价值观的带头践行者。如果校长在这方面言行不一，或者没有去促进它，学校价值观的力量就会逐渐衰落。

值得一提的是，学校的价值观并非都是积极的。以课改的价值取向为例，有的学校是"平稳至上"的，这类课改基本上是迫于无奈、被动而为的；有的学校是"效率至上"的，这类课改往往把升学率看成效率，精准于"抓分数"；有的学校是"发展至上"的，着眼于学生的发展、教师的发展和学校的发展，这类课改立意高，是积极价值观的体现，校长就要精心营谋，科学有序稳妥地推进。

>>> 11 >> 学校人性管理

学校管理的对象是人而不是物,这就确定了学校管理要以人为本。人性管理作为一种现代管理方式,相对于其他类型的管理方式而言,是一种根本性的超越,是更高层次的管理方式。人性管理,就是基于科学的人性观基础上的"以人为中心"的管理,人性管理是学校文化管理运作和实践的核心。

人性管理具有如下特点:人性管理的着眼点是人,人性管理确定了人在管理过程中的主导地位,人性管理体现了师生是学校管理主客体的统一。

校长怎样实施学校人性管理?

一是建立符合人性的管理理念。尊重人的尊严,尊重人的人格,把人看作提高工作效率的主要源泉,学校的中心工作是围绕人来进行的,只有先管好人,才能管理事。从教师的心理和工作特点来看,要尊重教师的人格,给教师工作环境和心理空间上一定的"自由度";要一视同仁,给教师一种公平感。

二是创建适应人性的工作环境。要进行人性管理,创造一个良好的工作环境非常重要。校长要加强人际沟通,营造一种舒畅的心理环境;校长要发动教师参与学校管理,促进教师对学校目标的认同;校长要与教师保持畅通的言路,倾听教师的声音,与教师交流思想、融洽感情、传达信息。

三是培植满足人性的发展土壤。马斯洛曾这样说:"从人的天性中可以看出,人类总是不断地寻求一个更加充实的自我,追求更加完美的自我实现。"为了培植满足人性的发展土壤,可以实施名师工程,可以支持教师进行教改实验,从而为教师创造更多更好的发展机会,让教师实现人生价值。

四是开拓人性管理的可行路径。人性管理的可行路径至少有:做到厚酬与浓情相结合,厚酬是教师的价值体现,浓情是"以情感人、以情留人、以情引人"的良好氛围;做到压担与加冕相结合,压担是给教师用武之地,加冕是给教师授予权力;做到放电与充电相结合,放电就是让教师积极工作、施展才华,充电就是让教师进修培训、养精蓄锐;做到扬长与避短相结合,扬长避短就是尊重差异，就是让教师"因差异而发展"。

五是营造激活人性的人文环境。校长能对师生笑脸相迎，校长能悦纳全体师生，校长能坚持"教师第一"和"以生为本"的管理理念，校长要明确师生在自己心目中的地位，校长治校要充分体现民主、平等、科学，校长要淡化权力观念，校长要设法减轻教师的工作负担，校长要切实保障教师的学术权利。

校长实施人性管理，两个问题值得注意：一是人性管理不是"人治管理"。制度管理是有规矩的，是刚性的；人性管理是超越规矩的，是柔性的。制度要坚决执行，但"制度化"是可以充分体现"人情味"的，人性管理是可以在制度管理的基础上渗透"人性"因素的；二是人性管理不是"宽松管理"。有"人情味"并不意味着可以超越制度，人性管理也并非让校长充当无原则的老好人，校长要谨防将人性管理变为放松管理。

美国优秀校长的评选标准中有这么一段话：学校管理，归根到底是对"人"的管理，因此学校管理需要"人性化"。校长的"人性化"管理，需要在日常管理中正确处理好约束与调动、服务与协调、使用与培养、求同与求异四个方面的关系。如何更"人性化"地管理学校，是每一位优秀校长必备的素养。

创办世界闻名的夏山学校的教育家尼尔说："人性化，是学校管理最有效的手段……要使学生充满快乐、充满无穷的活力，那么学校就必须是最富人性化的学校，让学校适应学生，而不是让学生适应学校。"

让管理走向人性化，做个"人性化"的校长，你的管理将由此步入新的境界。

>>> 12 >> 学校激励管理

世界上最有效的管理是什么？是激励管理。

教育大计师为本，师之激励有其道。

结合我在厦门一中担任校长的管理实践，就校长激励教师给出十个关键词：关爱，尊重，宽容，赞扬，批评，待遇，授权，分享，目标，竞争。

关键词1：关爱。

玛丽·凯·阿什说：感人之心，莫过于情。感情投资是创造"人和"局面的唯一方法。拥有"人和"，你将会拥有一切。

每年大年初一的中午，我都会到老师家里吃饭。有一年，我得知新入职的两位教师没回家过年，就拎上一瓶酒带些海鲜到他们住处，他们住在学校的旧宿舍，很多老教师住在那儿，大家知道我来，纷纷送上一道菜"拼伙"，大家边吃边畅谈着学校的发展，其乐融融。

关键词2：尊重。

"尊人者，人尊之。"校长尊重教师，就会得到教师的拥戴。尊重，能使人产生优越感。教师自尊心得到满足，工作就受到激励。

尊重教师的优点，尊重教师的动机，尊重老教师的资历，尊重青年教师的信息技术能力，尊重弱势教师和职员渴望被重视的心理，尊重教职工的意见和建议。只要有心，就能找到更多的"尊重"形式。

尊重的基本原则是平易近人，是不摆架子。比如，尽量以轻松语气和教师讲话，尽量少说"我"而多说"我们"，尽量记住教师的名字和特长，尽量多与教师接触。再如，让广大老师畅所欲言，让广大老师参与学校有意义的活动，让广大老师研讨学校改革与发展规划。

孟子曰："尊贤使能，俊杰在位，则天下之士皆悦，而愿立于其朝矣。"学校管理，理当"尊贤使能"。

关键词3：宽容。

宽容，就是能够容人，既能容人之长，又能容人之短；既能容人之正，又能容人之过。宽容是一种品德，也是一种境界。校长要学会进行宽容激励，做一名大度的领导者。

宽容需要互谅、互让、互敬、互爱。待人宽容，就是要互相信任，关爱而不冷漠，大度而不小气，真实而不虚假；就是要把面子看轻一点，把摩擦看淡一点，学会沟通与交流，学会将心比心，学会求同存异；就是要多看到别人的优点，多学习别人的长处；就是要把功劳归于教师，欣赏教师的成就；就是乐意听取教师的抱怨，同时及时妥善处理教师的抱怨。

宽容的前提是不求全责备。"金无足赤，人无完人。"师者，往往优缺点并存。大才者，往往不拘小节；异才者，常有怪癖。高明的校长，当能用其所长，避其所短，倘若求全责备，则无人才可用。校长要以宽容之心，营造"人人想干事、人人能干事、人人干成事"的良好局面。

当然，宽容错误不等于宽容渎职，宽容也需"借我一双慧眼"。

关键词4：赞美。

曾读一书，书名就叫《一切从赞美开始》。书中对"赞美"有四种定义：其一，赞美是通过语言使别人的某种态度、思想及行为表现得更为强烈而采取的定向激励方式；其二，赞美是一种精神嘉奖；其三，赞美是一种润滑剂或万能胶；其四，赞美是相互的抬高、是一种双赢的策略。赞美激励是鼓舞士气的有效手段，校长岂可不用？

校长赞美教师，可以赋予教师积极向上的精神力量。校长要学会赞美教师，不要放过赞美的机会；要寻找教师的优点来赞美，不要"鸡蛋里面挑骨头"；要对提建议的老师多加赞扬，不要认为老师"爱挑毛病"。

厦门一中每年进行的"感动我的一中人"活动，实则是一种全校性的"相互赞美"活动。人人都希望被肯定，从某种意义上说，我也是在教师对我的赞美中"走向卓越"的。

赞美应当有方，一是赞美教师要持平等的态度，即要放下"架子"来赞美；二是赞美要公正，即要"一碗水端平"；三是赞美要及时、真诚。四是赞美要公开、得体，管理学中有"公开表扬，私下批评"一说。

赞美亦需有度，随意拔高不可取。

关键词5：批评。

我们说，既要有赞美，也要有批评。赞美是对人的价值的肯定，而"责备有方,犹如快马加鞭,下属会将此作为鞭策,作为动力,从而干劲十足。"

有错误,就必须批评。批评的目的在于促使教师认识和改正错误并且发生转变。校长的批评应基于"批评人是为了发展人",唯其如此,校长才能从爱护人、提高人的愿望出发,才能有真诚的友爱,如火的热情,诚挚的精神;才会有诲人的诚意,容人的雅量,帮人的耐心。

我读《批评的艺术》一书后,方知批评亦有道。比如,批评要有正确的态度和方法,要慎重对待批评对象;批评不能伤害别人的自尊,批评要"以理服人,以情感人"。又如,批评宜"旁敲侧击、先褒后贬、刚柔并济";再如,批评要掌握好"火候",力争做到"明情况、择时空、抓关键、看对象、讲文明"。

关键词6:待遇。

说到留住人才时,经常这样说:"事业留人,感情留人,待遇留人"。换句话说,就是"惠与事业平台,事业成就人;惠与情感团队,情感打动人;惠与利益基础,利益鼓励人。"说"待遇"也好,说"利益"也罢,实则就是为教师谋取合理的报酬。

对于教师,提倡"无私奉献",还是提倡"合理报酬"?

我以为"两者都需要""两手都要硬"。要知道,合理的报酬是最基本的激励方式。

校长善用"奖励",因为奖励是一种积极的管理行为。学校的奖励政策具有很强的导向作用,校长一定要"集思广益",精心制定好。

请注意,"福利"是教师努力工作的主要前提。管理学中有句名言:"要最大限度留住和争夺人才,光靠薪酬是不够的,还得把福利排上。"当今学校"福利"呈现多样化,比如外出研修,参观考察,课题资助,著书补贴,国际交流,等等。

关键词7:授权。

渴望信任,渴望最大限度地释放出生存价值,这就是希望之梦。

校长要努力为教师"梦想成真"创造条件和机会。

我经常对老师说:生逢其时,更要奋斗其时!时代为每个奋斗者铺就了发展平台,"你有帆桨,给你阔海;你有羽翼,给你长空。"时代为每位有进取心的教师,尤其是青年教师,铺就了更为广阔的发展平台。

张南峰,原为学校总务处副主任,时逢学校新校区建设,我们委以重任——把"新校区建设"的平台交给他。于是,新校区建设克服重重困难有序推进;

于是，学校后勤管理走向了精细化和人性化管理；于是，"史上总务主任第一书"——《砖因人而感动》出版了；于是，他成了高级经济师、华侨大学兼职教授、厦门一中副校长。

洪旭，厦门一中图书馆 30 来岁的女馆长，擅长文史，谁能想到厦门一中百年校庆大型精美画册——《百年一中》，由她一人主编！

关键词 8：分享。

"分享"一词，近年使用频率颇高，但多用于课改方面。

分享，就是和他人共同享受。分享激励，能激发教师同心同德。

分享，有逆境分享，也有荣誉分享。逆境中，校长与教师"同舟共济"，时来运转时莫忘"难兄难弟"。

2005 年，厦门一中遭遇"中招之痛"，我们进行了反思。反思之后，全校教师达成共识：当困难袭来的时候，我们唯有团结一致，齐心协力，共渡难关，拼出一片新天地。把压力变为动力，把不利化为有利，"坚韧面对逆境，从容追求理想"。一年后，厦门一中以各项优异成绩迎来了百年校庆。

时任国务委员、校友陈至立在百年校庆前夕回到母校，看望母校师生，为母校百年校庆题词"蕴百年精华，创世纪辉煌"，向学校捐赠 500 册图书，全校师生再次分享了来自杰出校友关怀的温暖。

关键词 9：目标。

我在给高三学生作报告时，喜欢用"目标正前方，成功正前方"来激励学生。其实，对教师而言，目标激励能使教师"因美好前景而诱发工作动力"。

厦门一中是一所历史名校，名校的使命是什么？

名校之名，名在历史传承，名在文化底蕴；名校之名，名在吸纳古今，名在不断创新；名校之名，名在名师荟萃，名在学术前卫；名校之名，名在特色显著，名在英才辈出；名校之名，名在科学与人文并重，名在规范与个性共存；名校之名，名在其实验性强，名在其示范性好。

这是一中人的梦想，梦想激励人们前进。

每位教师，又可以为自己进行"师者生涯设计"。拥有梦想的教师，就是拥有动力的教师！

关键词 10：竞争。

当今社会是一个激烈竞争的社会，物竞天择，适者生存。竞争，是今天每一个人赖以生存的法则。慢进则退，不进则亡。一个人只有增强自己的竞争实力，才能塑造成功的自我。

学校管理中引入竞争激励，能强烈地刺激每位教师的进取心，使广大教师力争上游，发挥出最大潜能。

校长要创造条件鼓励教师竞争，要鼓励教师挑战现状、挑战未来，要积极引导教师之间进行良性竞争，要适度刺激教师为竞争而学习的欲望，要鼓励教师从失败中奋起。

"只有平庸的人才害怕竞争"，校长要善于用这样的语言去激发教师的斗志，进而引领广大教师在危机、挑战中崇尚一流、追求卓越，"做更好的教师"。

人的内核会改变，教师的内核一旦被激活，就好像强有力的种子一样，它能将教师所蕴含的巨大潜在的创造能量激发出来。这种激发所形成的合力，是学校持续发展的不竭动力。

倘若我们的学校，能形成良好的激励制度，能营造和谐的激励文化，就能让更多的教师渐入激励的最高境界——自我激励，"不待扬鞭自奋蹄"，自动自发，永不止步。

>>> 13 >> 学校情感管理

情感,是指一个人对于自己所认识的或所操作的事物所持的态度的体验。我们日常所熟悉的喜、怒、哀、乐、爱、憎等心理表现,都属于情感范围。

教师情感,是教师对于学校的一种极其微妙的心理体验。成功的校长都非常注意教师情感上的细微变化,实施恰当的情感诱导,精心培植教师良好情感,积极满足教师的情感需求,努力增强校长的亲和力。

情感管理,就是管理者以真挚的情感,增强与教师之间的情感联系和沟通,满足教师的心理需求,形成和谐融洽的工作氛围的一种管理方式。情感管理以人为本,尊重人、理解人、关心人、将心比心。情感管理是学校凝聚力的源泉,情感管理培育学校内亲密的人际关系,情感管理使学校成为富有人情味的机构。

情感管理是文化管理的重要内容,体现了文化管理的亲和力,其核心是激发教师的正向情感,消除教师的不良情感,通过情感的双向交流和沟通,实现高效管理。校长的情感管理,是校长与教师之间的一种晓之以理、动之以情的思想、工作交流方式。校长进行情感管理要努力做到情要真,情要切,情要久,情要美。

校长情感管理的内容主要体现在:让教师喜欢、让教师感动、让教师感受到尊重、让教师心甘情愿地工作、让教师感悟宽容和让校长练就自控。

让校长练就自控,其实就是校长要具备高超的"情绪管理力"。良好的情绪情感智慧,是成功校长个性心理品质的动力和保证,也是推动学校工作的重要力量。如果校长经常性地使用情绪化管理,就容易挫伤教师的工作积极性,容易降低自己的威信,对开展学校工作很不利。

校长的情感管理,有以下几个着力点。

一是发端于心,热忱待人。只有发端于心的情感,才能真正打动人。校长源于内心的热忱待人,才能唤起教师的亲和之心、安定之心、愉快之心、坦诚之心、舒适之心、自主之心、向心之心、创新之心、自信之心和探索之心。

二是互相理解，融洽亲情。校长要经常站在教师的角度思考问题，这样才能走进教师的心理世界，设身处地为教师着想，信任、赞美、爱护、关怀教师，多与教师进行交流，让教师也能理解校长的工作，大家相互尊重、相互关心，逐渐形成融洽的亲密关系。

三是关心生活，温暖心灵。校长的情感管理，离不开关心教师的生活。在教师生活有困难的时候，为其排忧解难；创造条件，丰富教师业余生活；改善教师福利，满足教师的合理诉求，提高教师生活质量；教师生病，婚丧嫁娶，学校都要尽力帮助。

四是加强联络，顺畅沟通。校长与教师之间的沟通和协调，是情感管理的重要内容。校长要有主动与教师沟通的意识，多与教师谈心说事。当教师有意与校长交谈时，校长千万不能拒绝，而要耐心倾听，并表情专注、自然得体与之交流。

校长的情感管理，应注意以下几个问题。

一是不能因情感管理而做老好人。情感管理要求校长应是"好人"，但校长不能为了一味地追求情感管理的完美而去做"老好人"。对于教师工作中存在的问题，要严肃指出，大胆管理，不要回避矛盾，尽可能"艺术地"妥善处理，让情感管理柔中有刚，刚柔相济。

二是不能因情感管理而管理失度。情感管理要注意把握好"度"，不能为讲情而讲情，不能无节制地"释放情感"。情感管理要与制度管理相结合，在制度管理中创生情感空间，在情感管理中守住原则"底线"，否则就可能造成管理的弱化甚至失度。

三是不能因情感管理而失去理性。校长要注意情感与理性的相互关系，没有情的说理是空洞乏力的，没有理的说情可能会流于庸俗。校长要以学校事业的发展为重，心存使命，把握方向，努力做到情理交融、通情达理，使情与理都能产生促进师生前行的力量。

"人非草木，孰能无情""感人心者莫先乎于情"，"管人"先"管情"。经营学校，就是经营人心。打动人心的管理，是最有效的管理。

>>> 14 >> 学校团队管理

所谓团队,就是为了实现某一目标而由相互协作的个体所组成的正式群体。团队有共同的理念和奋斗目标,是有机的、整体的、协作的、互补的、同向的、凝聚的。团队不仅强调个人的工作成果,更强调团队的整体业绩,团队业绩大于个人业绩之和。

学校团队管理,就是在团队目标的导向下,由领导者对团队活动施加影响的过程。学校领导者的任务不仅是实现学校的目标,同时也要培养一支优秀的团队,激发出每个成员的工作热情并实现最优绩效。任何期望生存发展的组织,都需要学习团队管理的技巧,可以说,团队管理是学校领导者不可或缺的技能。

团队就是力量。比尔·盖茨曾说:"大成功靠团队,小成功靠个人。"一个人的力量是有限的,但把团队中的每个成员凝聚在一起,就能产生无限的力量。

优秀的团队应该是目标一致、目标具体、承担责任、关系融洽、齐心协力、技能互补、行动统一、反应迅速、卓越领导的。如何建设优秀的学校团队呢?

有人提出了"八要",即要建立共同愿景,要塑造团队精神,要营造文化氛围,要架起沟通桥梁,要富有人情关怀,要制定激励措施,要提供发展平台,要建立保障机制。有人提出了"六条",即共同的愿景和方向,清晰的目标和战略,明确的职责和责任,高效的工作进程,协调的人际关系,持续的动力和成就。

在学校团队管理中,教师的团队精神建设是"重中之重",团队精神是团队的灵魂。

陶西平先生提出:在教师之间创造竞争机制很好,但是也很容易形成个人与个人之间的竞争,这对学校的整体发展不利。所以在激励教师竞争的同时,还应该加强团队精神建设。在如何建设团队精神方面,要强调四个法则。

一是双赢共好原则——龟兔法则。兔子在第一次赛跑失败后,提出再赛一次,兔子没有打盹,结果赢了。乌龟不服,提出第三次比赛,但要乌龟指定路线,乌龟指定的路线要经过一条河,兔子不会游泳,结果输了。总之,不是乌龟赢就是兔子赢,两人的优势都没发挥出来。第四次比赛,陆地上兔子背着乌龟跑,河里乌龟背着兔子游,结果两人同时到达,而且发挥出了各自的优势。在经济全球化的今天,竞争不再是你死我活的。所以教师之间应该提倡一种"双赢共好"的竞争。

二是相互借鉴原则——跳棋法则。我们过去的竞争是象棋法则,强调要把对方吃掉,而我们现在应该讲"跳棋法则",是要借助对方的棋子才能跳过去。应该提倡两个竞争对手相互借助,因为我们现在到了研究教育深层次问题的时候了。据有关部门统计,现在的教育科研课题80%没有用,原因是它们都是重复的。看上去,现在的课题多得不得了,但是有用的不多。所以,如果不了解人家的科研达到什么程度,不了解关于这一问题的研究现状,你还在重复前人,没有相互借助,这个团队将很难发展。

三是自觉协调原则——海狸法则。海狸是喜欢群居的动物,它们总在不知疲倦地修筑堤坝。修筑堤坝是一项团队工程,但整个团队并不是由一只海狸来发号施令,而是由每只海狸自己决定工作应如何进行,它们相互尊重,相互信任,并发挥自己的最佳判断能力来共同完成一项工作。在学校中,教师们的合作虽然需要学校领导的组织,但也应大力培养教师的自觉,让教师自觉自主地互助、互利,共同为"学校良好发展"这个共同目标而努力工作。

四是交替引领原则——大雁法则。大雁在长途飞行的时候需要一只领头雁,但这只头雁并不是固定不变的,而是轮流当的。因为如果只让一只大雁领头,当它疲劳的时候整个队伍的速度就会慢下来。而轮流来当则既锻炼了每只大雁的能力,也保证了队伍的速度。我们在教师团队建设中需要一名优骨干教师来当教师们的领头人,但我们不能只依靠这几个领头人,这一方面使他们疲于奔命,另一方面使其他教师永远处于被动的位置,能力得不到锻炼、发展。所以我们应创造更多的机会,让每个教师都能得到适当的锻炼,培养更多的领头人,使我们的团队有更强的竞争力,以带动学校的稳步发展。

未来社会将是一个激烈竞争的社会,教师之间的竞争,虽不像企业那样直接,但竞争也是回避不了的。未来社会其实也是一个合作的社会,换言之,未来社会将是一个竞争与合作并存的社会。从某种意义上讲,许多时候合作比竞争更为重要。

>>> 15 >> 做服务型领导

领导是什么？有多种说法，但最经典的当属邓小平同志说的："领导就是服务"。若说领导者有什么职责，那就是服务，为那些使你能够成为领导者的人服务。

美国心理学家弋曼说："服务是一种日复一日、运作不断、永不停歇、锲而不舍、再接再厉、体恤别人的活动。"

就教育而言，学校管理的性质决定了管理者必须成为服务型领导。管理者成为服务型领导，既是密切联系群众、完善自我形象的重要方式，又是协调人际关系、提高管理效能的重要途径。

捷克著名教育家夸美纽斯说："教育，不仅仅是一种职业，更是一项艺术，一项服务于人类文明、锻冶人心智灵魂的艺术。"江苏省溧阳市实验小学校长芮火才这样说："教育服务，从本质上讲是学生合理需求不断得到满足的过程，是不合理需求不断得到引导和校正的过程，是单一和浅层次需求不断得到丰富和提高的过程。一句话：教育就是服务。"

校长在办学中要体现服务的功能，就要有服务的精神，把服务作为一种职责——服务于教师、服务于学生、服务于学校的发展。

做服务型领导，特别是服务创新，应注意"五性"。

一是注意服务意识的主动性。管理者为师生员工服务，是管理者的责任和义务，是做好工作的前提。只有主动服务，才能服务创新。这种服务，不应当是被迫的，而应当是自觉的；不应当是被动的，而应当是主动的；不应当是假意的，而应当是真心的。服务创新，贵在热情主动，贵在真心实意。

二是注意服务对象的全体性。管理者为师生员工服务，要面向全体，不能厚此薄彼。管理者心里要配好"一杆秤"，手里要端平"一碗水"。服务创新，既要体现在服务教职员工上，也要体现在服务学生上；既要体现在服务年长教师上，也要体现在服务中青年教师上；既要体现在服务新引进的骨干教师上，也要体现在服务原有教师上；既要体现在服务优秀学生上，也要体现在服务一般学生上，对后进学生更要有创新服务。

三是注意服务内容的广泛性。管理者为师生员工服务，在服务内容上要注意不断创新。物资服务是必要的，但仅有物资服务是不够的。物资服务包括学校的硬件设施，为师生员工创造良好的学习和工作环境，为学生成才、为教师发展创造优越条件；精神服务包括学校的文化构建、学校良好人际关系的营造、学生减负和教师减压、师生心理问题的疏导等。这就要求管理者在完善传统服务的基础上，不断开拓现代服务的新领域，以满足师生员工日益广泛的服务需求。

四是注意服务行为的长期性。管理者的服务行为，不仅应是自觉的，而且应当是长期的。"一个人做点好事并不难，难的是一辈子做好事。"把毛泽东同志的这句话套用在服务上，把"好事"换成"服务"，就能充分体现这种服务的长期性。当领导一天，需服务一日。服务应贯穿整个工作的始终，毫不懈怠，持之以恒，不应景，不作秀，这样才能在坚持不懈的服务中发现新的服务点，进而开发新的服务领域，走向真正的服务创新。

五是注意服务方式的艺术性。孩子走路摔倒了，哭闹了，家长是赶快扶孩子起来，还是鼓励孩子坚强地站起来？中国的家长多半是选择前者，而国外的家长更多的是选择后者。从儿童的成长来说，选择后者更为有利。这也说明选择服务方式是要讲究艺术的。要做到服务方式的艺术性，就要研究服务细节、注意服务对象的特殊情况和心理需求、把握服务的时机，就要尽力做到学校服务和自我服务相结合、物资服务和精神服务相结合、特殊服务和一般服务相结合，使创新服务在"艺术化"的过程中日臻完善。

>>> 16 >> 管好后勤

学校后勤管理的价值和意义在于：搞好学校后勤管理是办好学校教育的基础，是提高教育投资效益的重要途径，是稳定学校秩序的重要条件。后勤管理包含总务后勤管理，财务管理，基本建设管理，物资管理等。

后勤管理有如下原则：为教学服务的原则，为师生生活服务的原则，勤俭办学的原则。后勤管理的常规是：明确管理人员分工，建立健全规章制度，抓好阶段性的管理工作。

学校后勤的合理规章制度的制定，要广泛听取各方意见，要注意后勤制度的完善，要依据相关法律开展制度建设，要重视制度实施的监督检查。

如何看待学校后勤工作社会化问题？我们认为，后勤工作社会化是市场经济的必然要求，是克服当前学校后勤工作弊端的一种选择。当然，我们也要辩证地看待后勤工作社会化，伴随着后勤社会化改革的进行，也产生了一些新的问题和新的挑战，如学校管理人员和后勤人员的责权问题、学校资源设备的产权问题、后勤人员的管理问题等，学校管理者在享受后勤社会化带来的益处的同时，也要对上述新问题和新挑战有积极的思考和准备。

我们用了一些文字，回答了后勤管理的一些基本问题，是想向校长普及一些后勤管理知识，因为有相当一部分校长对后勤管理是不够重视的。

"后勤"管理着全校师生的"食、住、水、电、暖"等各个方面，是学校正常运行的最基本的物质条件，它事关学校教学的正常运转，关系到师生的学习、生活、工作的正常秩序能否得到保障。校长能不重视吗？

校长如何抓好后勤？一要提升后勤人员的服务意识、服务态度和服务水平；二要培养后勤人员的职业规则、职业道德和职业素养；三要努力追求学校后勤管理的文化意蕴。

"后勤与文化"似乎不搭界，其实不然，因为文化在制度管不着的地方起作用。如果可以在后勤工作融入文化元素，将给后勤工作带来新的变革。

如何营造后勤文化？

一是营造服务文化。"后勤为教学服务"，大家都这么提。但据我的了解，这种提法，更多的是一种宏观的导向，而真正提供主动的服务、预见性的服务，就需要有强烈的责任心和创新服务意识。

二是营造执行文化。执行文化即基于执行力的后勤文化，是一种把后勤工作变成现实结果的文化。拖拉、死板、反复、推诿、多头指挥、形式主义、细节缺位等是执行力低下的表现，而"马上就办，办就办好""找方法不找借口"等是执行文化的体现。

三是营造节约文化。资源浪费现象在我国中小学中普遍存在，令人痛心！勤俭节约是中华民族的优良传统，学校要积极倡导节约理念，将节约理念贯穿于师生的学习、生活和工作的各个领域，最大限度地节约资源，尽力做到"物尽其用"，提高资源利用率。

四是营造育人文化。长期以来，学校后勤工作只关注其管理和服务功能，而忽略了其潜在的育人功能。以学校公寓管理为例，后勤管理可以触及学生的品德教育、养成教育、劳动教育、法律教育、安全教育、集体主义教育等，因此校长应将"育人要素"延伸到学生公寓中。

五是营造创新文化。后勤的服务创新是大有文章可做的。

在智慧处体现创新。如在校舍的设计上，学生活动最频繁的教室和走廊，在资金许可的前提下，可以适当大一点，是创新；教室的黑板设置四块，上下可拉动，即使使用投影仪占去一半黑板，也还两块黑板可使用，是创新；筹措资金，合理经营，为老师们著书立说提供条件，是创新。

值得注意的是，服务和尊重是双向的。校长和分管领导要首先理解和尊重后勤人员；教职工和学生要理解和尊重后勤人员；校长和分管领导要善于化解师生与后勤人员之间的矛盾；通过学校的科学管理和文化管理，尽可能避免矛盾产生。

古有"兵马未动，粮草先行""工欲善其事，必先利其器"之说，足见"后勤"之重要。抓好后勤，学校的发展就有了基本保障。

>>> 17 >> 信息化引领

人类已经进入了信息时代。

在 21 世纪，互联网、云计算、大数据等信息技术正渗透到人们的生产、生活、学习之中，深刻影响着人类思维，改变着当下的教育理念和教学方式。

翻看魏忠先生《教育正悄悄发生一场革命》一书，封面那朵类似龙卷风的图案卷起了一串文字：数字化学习，翻转课堂，E 课堂，微课程，教育大数据，可汗学院，在线教育，自组织，未来的冲击，智慧空间，创客……作者在告诫大家：一场教育革命正在上演，你准备好了吗？

该书的内容简介，有如下文字：

随着硬件的高速革新和软件的高度智能化，新一轮的教育信息化的浪潮已经不可抗拒地"涌"现到我们面前，教育正悄悄地发生着一场革命。作为教育人，我们应该如何面对？——围观？等待？抑或抵制？显然，这些都是下下之策，只可能被浪潮击垮。唯有掌握良好的"冲浪"技术，具备相应的预判能力，我们才能逐浪前行，甚至在浪尖上优雅起舞。

本书作者敏锐地捕捉到了正席卷全球的这场教育革命给中国教育带来的巨大挑战与机遇，以一种全球化的宏观视野向读者展现教育大数据的巨大冲击力，被技术改变的教育将会是何种面目，信息革命将会催生什么样的未来校园，未来的教育需要怎样的践行者。

作者断言：未来的教育会是怎样的？主流的模式必将是：视频成为主要载体，教育资源极其丰富，翻转课堂，按需学习，终身学习，不以年龄划线，远程教育的提法将消失，距离不再是问题，教育在学校之外发生，等等。

大数据教育提供了另外一种可能，标准化的教育将转向网络完成，而人才培养和个性化将主要由学校承担：越来越小的班级、越来越近的学校、越来越聚焦的教育支持、越来越个性的培养方式，将使教育摆脱工业化时代。

在信息技术大革命的今天，规训与教化在撤退，支持和服务在推进。教育本质是对学习者的支持和服务，而不是对他们的规训和教化。作为万物之灵，人类本身就有逻辑推断和自组织的能力。发掘这种逻辑和自组织的能力才是正道。正在发生的教育革命并不是要把传统的课堂搬到网上，而是让新技术解放人们本来就有的学习能力和天分。学生得到解放，人力资本成倍地增长。

在这场教育的变革中，最严重的问题已经不是教育资源的缺乏，而是毫无天分的教师在错误的方向上还在"勤奋地工作"。教育界将"重新洗牌"，这也是我预测未来教育的一个关键词。

且不说校长有没有读过这本书，单就读上面的这段文字，结合我们在教育实践中的所见所闻，校长至少要深刻意识到：信息时代的到来，已使教育信息化成为一股不可逆转的潮流。

也许有的校长还没来得及读这本书，魏忠先生的新著《教育正在发生一场怎样的革命》出版了，这本新著回答了前书中提出的许多更深层次的问题。

作为现代信息技术背景下的校长，应不断根据时代的需要调整自己的素质结构，在原有素质基础上还要加上一个重要的素质——信息素质。现代校长只有具备信息意识和信息素质，才能有效地推进学校的教育信息化，进而推进学校教育现代化的发展。

校长如何进行信息化引领？

有的学校的路径是：建立新型的信息观念；重视建设信息技术基础设施；以发展的眼光建设高水平的信息资源；注意提升教师的信息技术水平与素养；切实落实信息技术教育课程。

有的学校以信息化带动"智慧教育"：他们关注的是智慧校园、智慧学习、智慧评价、智慧教学、智慧研训组成的智慧教育体系建设。

有的学校从微课程入手，真正实施"一师N优课，一课N名师"的"微课程"活动，打破教育资源壁垒，规模化共享名师，利用名师网络课堂，助推教育质量的提升。

值得注意的是，教育信息化关键是要有信息化思维意识，思维不改变，信息化就难以推进。李嘉诚曾形象地说过："鸡蛋，从外打破是食物，从内打破是生命。"对于教育信息化，也需要一种内部力量去突破。

美国优秀校长的评选标准有这么一条："信息化时代的到来，意味着校长必须提升自己的信息化领导力,这是新时代的要求,是教育变革的要求。校长的信息化领导力是其领导素养的重要组成部分,也直接影响到学校教育信息化的发展与深层次应用。"在信息化背景下,美国教育部门将提升校长信息化领导力写入优秀校长标准,是一种与时俱进的体现。

希望成为一名走向卓越的中国校长,也必须关注并及时有效地提升自己的信息化领导力。

>>> 18 >> 巧借"他山之石"

"他山之石,可以攻玉;他人之策,可以启智。"联系到学校,积极学习借鉴其他学校的先进经验和做法,是加快学校发展的一条重要途径。况晨光先生说:"校长要深深懂得:寻找自身的优势和'嫁接'别人优势的目的,全在于如何去造就和发挥好自己的优势。"优秀校长,要善于学人之长,注意补己之短,不断创我之新。

齐白石先生曾说:"学我者生,似我者死。"从学校发展的角度上看,"简单地经验模仿"则"死";"积极地创新实践"则"生"。在学校发展中,简单的经验模仿,最多只能达到"形似";在模仿基础上的升华,可以达到"神似";而在模仿、借鉴基础上的积极创新实践,才可能"超越"。

对优秀学校的经验和做法,我们不能仅仅停留在借鉴、模仿的层面上,而要探寻源于内部变革的力量,有序推进本校创新实践。借鉴模仿是一种学习,触类旁通地加以实践是高一层的学习,而悟出优秀学校经验和做法的"本原"之道,才是更高一层的学习。

学校发展要处理好模仿借鉴与创新的关系,校长要积极挖掘、利用、整合学校资源,常怀创新之心,引领学校进入一种新的发展境界。

校长要"学习先进",就是要跟上时代的步伐,就是要追踪前沿,就是要与时俱进。要"学习先进",首先要登上高楼观"先进",其次要练就慧眼识"先进",再次要理性思辨追"先进"。唯有巧借"他山之石",才可以攻玉。

登上高楼观"先进"。一是在"读"中观之。读《人民教育》《上海教育》《中小学管理》等刊物,读《中国教育报》的"教育展台"栏目的学校之展,读教育新著。二是在"看"中观之。有机会,还是应该走出去,看看外面的世界,看看别人是怎样办教育的,走出去"看"能给人一种直观认识,获取一些实用性很强的资料,能和有关人员交流感兴趣的问题,留下较深刻的印象。三是在"听"中观之。一种教育新观念、新做法的出现,往往会引发各方反响,"听听"教育界有没有发声,发的是什么"声"。支持,反对,还是"不站队"?"听听"教育时评专家发了什么"声"。正面的、反面的声音都"听听"。

练就慧眼识"先进"。一是在精神追求中练就。校长的精神追求,是对教育良知的坚守,是对教育本真的遵循。校长有了这种"精神追求",就会识别出哪些是"真正的先进",哪些是回归"教育本原"的先进。二是在深度学习中练就。"生命不息,深学不止",我之所以强调"深学",是因为"浅学"的校长不少。如果过分热衷于"浅学",潜藏的危害将是巨大的。校长不"深学",何来"教育慧眼"?三是在经验积累中练就。校长要在实践中积累经验,从当下的经验中捕捉更深层的意义和蕴含着未来的意义。经验积累越丰富,你的"眼力"就越能"透视"。我们时常听到校长这样说:"经验告诉我,这个可以学,这个不可学,这个不急于学。"

理性思辨学"先进"。一是精研细探学"先进"。对于先进的教育理念,校长如能精研之细探之,就能清晰地辨析出哪些是真正要学可学的"先进",进而引领大家学习之、研究之,甚至追赶之。二是结合校情学"先进"。"马克思主义的基本原理必须与中国的具体实际相结合。"套用这句话,我们可以这样说:"即便是学先进,我们也必须结合校情来学习,否则就有可能弄巧成拙"。三是面向未来学"先进"。学习"当下",是一种学习,而面向未来的学习借鉴,更为重要。面向未来,树立新理念才有新作为,凝聚新思路谋求新发展,再塑新形象引领新风尚,瞄准新目标亮出新举措,集聚新策略开启新航程。

杜甫有诗"转益多师是吾师",说的是只有不拘一时一家地多方面学习各家的长处,才算真正找到了自己的老师。巧借"他山之石",就可以将别人的宝贵经验变成自己不可多得的财富,他人曾经的探索之路也就成了校长前行的坦途。

>>> 19 >> 调适外部环境

说到学校发展,校长们往往会说:"内练真功,外塑形象。"说得没错,"内练真功"就是要努力优化内部管理和提升学校自身内部能力,但"外塑形象"在当今时代看来,就不够了,学校还要积极调适外部环境。

教育部颁发的几个"校长专业标准"中的六大"专业职责"都有"调适外部环境"一条。调适外部环境,说的是作为学校管理者的校长,要谋求学校更好的发展,就要跳出教育、跳出学校,处理好公共关系,以整合外部资源,促进学校发展。

公共关系,是指一个组织运用各种手段,传播组织信息,树立组织形象,从而在组织与社会公众之间建立相互理解和信赖的关系,取得理解、支持和合作,为组织的发展创造良好的环境,最终促进组织目标的实现的一系列公共活动。

学校作为一个文化教育组织,同样存在公共关系问题。学校处于社会大环境中,外部环境及其需求的变化,为学校的改革和发展带来了新的挑战,也带来了新的机遇。新时期学校要有新的发展,就要"内外兼修",内抓自身能力,外抓公共关系。

优秀校长深知,随着时代的发展,学校是否重视公共关系,是主动地还是被动地建立公共关系,对学校发展的影响会越来越大。

校长要想有效地调适学校的外部环境,依我多年的经验和研究,可以从以下几个关键词做起。

一是"学习",即学习学校公共关系管理知识。校长以往的学习,多是对学校内部关系的学习,多是教育方面的学习,现在还要学习学校公共关系管理。校长要对公共关系有正确的认识,校长的公共关系管理,不是庸俗的人际交往和应酬,不是迎来送往和请客送礼,也不是具有商业气息的宣传、广告和营销,而是通过公共关系,使学校充分展示自我,树立形象,让社会了解、理解和信任学校，从而为学校的发展赢得良好的环境。

二是"区分"，即区分不同的外部公共关系。区分的目的在于积极采取相应的措施。学校外部公共关系可大致分为四层：紧密层——教育管理部门和政府管理部门，学校要争取紧密层的肯定，把握学校发展的生长点；关联层——政府其他部门、兄弟学校、社区等，学校要有主动联系的意识，寻求关联层的认同，争取得到更多的资源；智慧层——专家、学者，学校要聘请他们做学校的顾问，让他们到校指导，借助智慧层来管理和发展学校；对象层——学生家长，校长要力争获得家长的支持，形成家校教育的一致性和互补性。

三是"了解"，即了解社会对学校的需求。校长可以从政府那里获得其对学校承担教育服务任务和改革发展的要求，从学生及家长那里了解他们对学校的整体期望和对学生教育质量的期盼，从社区那里了解其对学校可能的教育支持，从其他社会机构如妇联、共青团、民间教育机构等那里了解其对学校改进和发展的要求和建议，校长要组织学校团队对社会各方的需求进行分析，在可能的情况下更好地提供高质量的教育服务。

四是"熟悉"，即熟悉社会服务机构。熟悉的目的是为了高效地利用公共资源。社会公共服务机构在自己所在的领域是行家，一般说来有专项资金、专业场地、专业设备、专业人员等方面的综合能力，与青少年成长有关联的有图书馆、文化馆、科技馆、博物馆、天文馆、艺术馆、体育馆、纪念馆、劳动教育基地、安全教育基地等，校长要熟悉这些公共服务机构的教育功能，为学生开辟丰富的课程资源，促进学生全面发展。

五是"服务"，即积极服务社会，承担社会责任。学校不仅是教育学生的重要场所，也是社会文化的主要载体、群体活动的举办场地，学校在社会成员心目中具有极高的威望，因此校长要意识到社会服务的重要性，树立合作共赢意识，引导学校在完成教学功能的同时，积极服务社会，如学校文体场馆、学术场馆对社会开放，学校场所、教师资源和信息资源为学习型城市建设作贡献，学校为社会人员技能培训提供便利等，从而提升学校在社会成员中的美誉度。

六是"互动"，即加强外部沟通，形成良好互动。校长既要抓好学校的内部管理，也要积极与社会进行良性互动，把社会的力量吸纳到学校办学力量中，从而提高学校办学水平。外部环境中蕴含着诸多对于学校发展来说极为重要的资源，是学校发展中不可或缺的组成部分。校长一定要把学校置于社会这个大环境中来思考问题、谋划发展，积极加强与外部的沟通，充分发掘社会资源中的"教育力量","不为我有,但为我用",学校、社会互动共发展。

  值得提醒的是,学校公共关系包括学校内部的公共关系,这里再次强调:如果学校内部关系搞不好,那么外部关系就无法发挥更好的作用,甚至会消失。"弱国无外交",更何况"弱校"呢?

>>> 20 >> 质量第一

要使学校立于长足发展之地,靠什么?质量。

质量是每所学校的立校之本和发展之基。没有质量,学校就会渐渐步入平庸;没有质量,学校就处在危险之中。

目前,社会对教育质量的认识还有很多差异,这反映着人们不同的利益诉求和价值取向。

什么才是有质量的教育?有人认为,只要学习成绩好、考的分数高,就是有质量的教育。这种观点是片面的。教育的本质就是要培养合格的人才,"高分低能"恰恰是教育失败的表现。

教育是使人成为"人"的事业,其本义是人通过教育而获得幸福。基于这样的认识,我们所说的教育质量,是以提升学生素质为价值取向,追求学生身心的全面发展、全体学生的共同发展,尊重学生的差异发展和学生未来的持续发展的教育质量观。

一所学校教育质量的保持和提升,有如下几个"探域"。

一是"管理"之探。抓教育质量,校长是第一责任人。校长是一校之魂,这个"魂"必须附着在提高教育质量这个"体"上,"魂"不附"体",教育质量何以提升?校长抓质量,当从管理入手。比如要有强烈的质量意识,要出台"提质"的相关制度,要加强精细化管理,要重视研究并建构质量管理体系等。

二是"课改"之探。只有改革,才有发展;只有有效推进课程改革,才有教育质量的全面提升。课改的新课型有以探究为主导的、有以合作为主导的、有以自主为主导的、有以对话为主导的、有以体验为主导的、有以生成为主导的、有以问题为主导的,理想课堂应实现传递知识、探究创新、人文精神、交流合作、个性发展、适应未来发展的价值,课程也好,课堂也罢,都指向教育质量的提升。

三是"师资"之探。教师是教育教学的组织者和实施者,教育质量的高低在很大程度上取决于教师。强国必先强教，强教必先强师。有好的教师，才有好的教育。要想提高教育质量，首先要提高教师的综合素养，包括师德——爱岗敬业、关爱学生，师能——刻苦钻研、严谨笃学，师智——勇于创新、奋发进取，师魂——淡泊名利、志存高远。

四是"德育"之探。学生德育，既是教育的内容，又是影响教学质量的要素之一。事实上，教育质量要提升，学校德育要先行。只有德育工作抓好了，学生才可能增强源于内心的自律意识，这样教学工作就有了一个良好的环境，教学质量也就会随之提高。

五是"教学"之探。教育质量，应当以教师"教"的质量为主要支撑。教育是教师施教与学生学习的互动过程，教育质量是教师"教"的质量与学生"学"的质量的结合。没有教师"教"的质量，教育质量就难以得到保证。首先要抓好常规教学，没有良好的常规，便不会有高的质量；其次要抓好对教学过程的质量监控，实施动态管理。

六是"学习"之探。在教育实践中，我们深深感到，一个学生要想取得优良的学习效果，单靠教师教得好、教的得法是不行的，他自身还必须学得好、学的得法。遗憾的是，在教育理论和实践中，长期以来，教学多研究教少研究学。实践证明，忽视了学，教也就失去了针对性，减弱了其实效性。提高教育质量，在学生"学"上还大有文章可做。

七是"评价"之探。"没有最好，只有更好"，教育评价的意义在于去实现"更好"创造良好的育人环境。"最好""最差"只是相对的标志和暂时的现象，而不断地争取"更好"，才是教育质量评价的永恒追求。在评价时，应注意评价功能的发展性，评价主体的广泛性，评价对象的全面性，评价方法的科学性，评价形式的多样性，评价内容的多维性，评价结果的激励性。只有这样，才能促进教育质量稳步提升。

八是"共育"之探。这里说的"共育"，是指学校、家庭、社会三种教育力量相互联系、相互协调、相互沟通，统一教育方向，形成以学校教育为主体，以家庭教育为基础，以社区教育为依托的共同育人的力量，使学校、家庭、社区教育一体化，以提高教育活动实效，进而促进学校教育质量的提高。

优秀学校的校长无不视质量为学校之最重，他们认为，学校存在的最重要理由，就是要为学生提供高质量的教育服务。质量是学校发展的生命线，以"质"为本方能取胜。

>>> 21 >> 善于抓住机遇

"机遇总是垂青于有准备的人",世上没有空来的机会,只有靠自己努力去争取、去创造、去把握。

我曾读过一首关于"机遇"的诗,把"机遇"说得渗透,录之于下。

机遇对于每一个人来说都是公平的 / 抓住机遇就能成就非凡的人生 / 抓不住机遇就会平庸地度过一生 / 现实中真正能抓住机遇 / 成就事业的人只有一少部分 / 机遇总是垂青于有准备的人

机遇稍纵即逝 / 犹如白驹过隙 / 它是明察善断者不断进去的鼓点 / 是长夜中士兵即刻开拔的号角 / 任何犹豫都与它无缘 / 都不能开启胜利的窗户 / 机不可失,时不再来 / 在进退之间,不能把握时机者 / 必将一事无成,悔恨终身

人们常犯的错误是 / 在机会来到的时候 / 患得患失,犹豫不决 / 成功者果决勇敢,失败者优柔寡断 / 机会对于每个人都是平等的 / 关键看你怎样对待它 / 愚者错过机会,弱者等待机会 / 智者把握机会,强者创造机会

学校的发展,也有一个机遇问题,"机遇与学校发展"近年来越来越受到教育管理者的普遍重视。机遇就是一个契机,抓住机遇就可以打破常规,就可以改变状态,就可以使学校获得跨越式发展。

机遇是成功与发展的重要因素,这已成为广大校长的共识。所谓"谋事在人,成事在天",前半句说的是成功取决于主观努力,后半句说的是成功取决于客观机遇。当机遇来临或机遇可能出现时,校长如果不能及时捕捉,或者没有能力抓住,就会贻误学校发展的大好时机,就会失去学校走向新境的机会。

校长如何善抓机遇?

一是要有机遇意识,早抓机遇。谁抓住了机遇,谁就赢得未来发展的主动权和引领权;谁失去了机遇,谁就失去良好的发展机会。强烈的机遇意识,是一种无形的力量,不仅体现了一种能力素质,更体现出一种责任意识、一种精神状

态。强化机遇意识,就要提高战略思维能力,就要做到居安思危,就要不断提高抓机遇的能力。

二是把握机遇规律,发现机遇。我们不能因为机遇的不确定性就去"守株待兔",等待机遇的降临,必须"学、观、行、思",洞察机遇。我们也不能把机遇的偶然性与必然性完全割裂开来,脱离和抛弃偶然性因素去寻找必然性,应注意发掘偶然事件中所隐藏的必然性和规律性的东西,善于利用偶然事件,促进偶然性向必然性转化。

三是及时抓住机遇,机不可失。机遇稍纵即逝,不能轻慢对之。凡事比别人多学习一点,多思考一点,多研究一点,多践行一点,多坚持一点,才能比别人更快更好地发现机遇、把握机遇、用好机遇,并努力将机遇转化为推动学校发展的新举措,才能在学校变革与转型中赢得主动、赢得优势、赢得未来。

四是积极创造机遇,不能坐等。学校发展的机遇源于各种环境的变化,学校管理者应根据这些变化,审时度势,主动出击,利用变化促使机遇产生。机遇具有内生性,这就为人们积极作为去创造机遇带来可能。校长要有"等不起"的机遇意识,开拓进取、多措并举、灵活多样地抢抓机遇,从而将机遇变成学校发展的"金点子"。

五是敢于面对危机,化"危"为"机"。谁都不想出现危机,倘若危机一旦发生,就要辩证对待。"危险"和"机遇"并存,度过危机的最好途径就是化"危"为"机"。要打开思路,既立足于应急,更着眼于长远,审时度势,看清其"危",找准其"机",化解其"危",赢得其"机"。敢于面对危机,将赢得更多的机遇。

机遇在成功之前往往是扑朔迷离的,更多的时候是以风险和挑战共存的形式表现出来的。机遇一旦被抓住并启动起来,就可能打破原有格局,就可能投入一定资源,因此一定要注意评估机遇的风险性和加强对机遇的风险管理。

当今时代,是一个"变化是唯一的不变"的时代,在"变化"中就会产生许多"机遇",善于抓住机遇的校长,就能为学校发展铸就辉煌。

>>> 22 >> 无为而治

老子将管理者分为四等:"太上,不知有之;其次,亲之誉之;其次,畏之;其次,侮之。"意思是说:最好的管理者是让被管理者感觉不到有管理者的存在,其次是被管理者能够主动亲近管理者,并由衷地赞美,再次一点的是让被管理者畏惧管理者,最差的是被管理者瞧不起管理者。

不断追求管理的理想境界,是校长面对的问题。学校管理要努力从"有所作为"走向"有所不为",并逐步达到无为而治的境界。有所不为才能有所作为,有所作为就要有所不为。大道无形,管理无痕。融"有为"于"无为","无为无不为";寓管理于无痕,以求"不管之管"。从人治走向法治,再从法治走向文治,就是一种"无为"的过程;从一人管校到团队管校,再从团队管校到人人管校,也是一种"无为"的过程……

作为校长,当为时要有所为。"国家把整个的学校交给你,要你用整个的心去做整个的校长。"陶行知的话意味深刻,从不同的层面对校长提出了深远的期待。

学校工作千头万绪,校长何以为之?

首先,"当为"学校发展大事,战略引领,科学规划,建章立制;其次,"当为"学校管理要事,把握中心,凝聚人心,激发信心;再次,"当为"学校突发急事,稳定大局,临危不乱,科学处置。

美国优秀校长的评选标准中有这么一条:"校长手头上的事很多,时间却有限,因此校长做事不在多,而在精。管得最少的校长是最高明的校长。因此,校长管理要力求'无为'。'无为'就是让师生发挥最大的潜能,'无为'能让管理发挥出最大的效能。"

因此校长作为领导者,必须分出战略和战术的不同。属于战略层面的工作,必须由校长带头去做,校长当多"为之";属于战术层面的工作,校长则可交给下属去实施,校长要多"不为"。人的精力是有限的,只有集中精力才可能出成果,因此一个高效率的领导者应该把精力集中到少量、重要的工作中去,而不应被次要问题分散精力。

中国校长追求管理的理想境界是"大道无形,管理无痕。"融"有为"于"无为",寓管理于无痕;内化于心,外化于行。管理无痕,如同春风化雨、润物无声般一点点浸入师生的心田,融入每一位师生的血液,也潜入、流动于学校良性循环的血脉中。

最容易做到的"无为"就是敢于放权、懂得授权,有人甚至这样说:"放权,放权,再放权,这就是校长的职责。"校长要敢于放权,并懂得授权,学会怎样通过下属来完成工作目标,懂得怎样授予下属适当的权力与权限,同时给以一定的决策权。

校长在授权时,应注意以下几点:明确哪些事需要授权,明确哪些事不能授权;自己可以胜任的决策可以不授权,自己不能胜任的决策就应该授权给他人;选能人、用准人,授权给值得信赖的人;无论授权到何种程度,责任还要校长自己来担当;没有制约的权力是不可想象的,校长要对授权下属进行适当的监督和控制;授给下属之权,也要做好可能出现错误的思想准备,以便及时补救。

管是为了不管,这是管理的最高境界,校长怎样才能达到这种境界呢?

有人认为,文化管理——大道无形胜有形。"以文化之",让文化生成教育力量、凝聚力量、精神力量、约束力量、感召力量,让文化成为学校发展的灵魂,成为学校发展的原动力。

有人认为,校长只做校长的事,做校长该做的事。校长的管理才能不在于事必躬亲,而在于用人上,即让每一个人都充分发挥特长,为学校的发展服务。

有人认为,让学校的管理从"心"开始。育人者育心,凝心聚力,聚智聚力,共谋发展。只有抓住了师生的"心",才能更大程度地发挥师生的潜能。

有人认为,让制度"有为",管理才能"无为"。管理的"无为",必须建立在"制度有为"的基础之上,而有效的制度设计,又必须建立在对管用、可行的把握上。

有人认为,无为而"管",有为而"理"。只有将无为而"管"与有为而"理"有机结合,才能让被管理者心情舒畅地工作,让管理者精神愉快地创新。

说得都很有道理,大家不妨一试。

总的说来,"无为而治"并不是真的不治,而是要通过激发被管理者内在的自觉性来实现管理的目的。"无为而治"是一种恰到好处的难得造诣,是一种更高层次的"有为",其特殊就特殊在有效而无形,有秩序而无压迫,有和谐而无僵固,此之谓学校管理的最高境界。

23 为教师减压

教师面临来自各方的压力，用"压力山大"来描述绝大多数教师的生存状态，实不为过。"为教师减压"的呼声日渐高涨。谁为教师减压？社会积极支持"减压"，学校有责合理"减压"，师者当会自我"减压"，学生适度配合"减压"，家长理解协助"减压"，亲友关爱帮助"减压"。优秀校长会积极通过各种渠道为教师减压。

第一，呼唤社会支持"减压"。

字典是这样界定"社会"的："以物资生活为基础而相互联系的人类生活共同体。"这个"社会"，包括政府及其部门，也包括其他群团组织。"社会"行动起来，就能为教师"减压"营造良好的"大环境"。

相关政策再"给力"一点。就是要建立和完善有利于维护教师身心健康的相关政策，比如制订出符合教师实际的工作量标准和计量方式，不让教师"任课过多"；合理控制教师在校时间，不让教师"两眼一睁，忙到熄灯"。

监督指导再"到位"一点。就是要监督和指导学校规范办学，在教育多少被异化的今天，不少学校为了追求所谓的"卓越""优秀"，极端功利化地给教师加码、让学生苦学，监督到位就能适度"解放"教师。

评价教育再"合理"一点。就是要建立学校良性竞争的评价机制，以偏概全地"唯升学率"评价，就会造成畸形的考试生态，给学校和教师带来巨大的压力。若用发展性、差异性、多元性评价，则会给教育带来新的生机。

宣传导向再"辩证"一点。就是要辩证地宣传教师，如果只宣传教师的"高、大、全"，教师会成为容不得半点差错的"完人"，这就会给教师造成巨大的精神压力。

批评责问再"善意"一点。就是要敬畏教育、善待教师，对教育问题多一份理解，少一些责难；多一些客观善意的批评，少一些过于理想的要求；更不能为了获得新闻效应而随意放大教育中的失误与不足。

第二,学校有责合理"减压"。

从某种角度上说,学校是"增负加压"的"大户",因此学校在为教师"减压"方面是"大有可为"的。从办学理念到教育实践,从管理境界到具体操作,从合法维权到服务意识,都可以设法为教师"减压"。

学校管理再"文化"一点。理想的管理,应从人治过渡到法制,进而走向文治。文治是学校管理的文化境界,管理人是尊重人、关心人、培养人、激励人,而不是驾驭人,"有情"的团队,师者心不累。

维护师权再"合法"一点。《教师法》明确确认教师的基本权利,规定教师应享有的社会地位和物质待遇,规定侵害教师合法权利的法律责任。学校首先"不违法",同时还要运用"法"来保护教师的合法权益。

校长站位再"向师"一点。所谓"向师",就是校长要站在教师立场说话。对作为知识分子的教师,要说平和的话;批评教师"偶错"时,要尽量用幽默、宽容、智慧的语言说出得体的话;对外界不公的责问,也要基于保护教师的立场理性回应。

评论议论再"包容"一点。实施教改的教师承受了更大的压力。要减学生之"负",教师可能要增"负";在重"分数"背景下的素质教育舞台上,教师能不"戴着镣铐跳舞"吗?学校应以包容心态,支持教育改革者。

育人境界再"高远"一点。学校要有"远视"的眼光,少一些浮躁与功利,多一些恬静与守望。把教师从"追分"的桎梏中解脱出来,追求教育的本真之道,遵循学生的成长之道,让教师专业且幸福地生长。

干扰影响再"减少"一点。学校要尽量减少可能干扰和影响教师教育教学工作之事,比如少开会、开短会,不开虚无之会;尽量不让教师参加与教育无关的活动,避免出现"应付主业,忙于副业"的不良现象;等等。

服务教师再"多元"一点。学校要创造条件,积极而多元地为教师服务,这种"服务"要主动、要广泛、要长期、要艺术。比如与社区合作,帮助解决教师某些困难;建立学校互帮互助机制,同舟共济过难关。

第三,帮助教师自我"减压"。

教师自我减压,是教师个体自觉主动地调适,是教师完善自我、战胜自我的精神追求,也是教师实现自我、超越自我的人生境界。

教育信念再"高远"一点。教育信念,是教师对教育事业、教育理论及基本教育主张、原则的确认和信奉。高远的教育信念赋予教师无穷的力量,有了这种力量，教师就会变压力为动力，就会"不计辛劳乐于奉献"。

教学技能再"强化"一点。教学技能是教师必备的教育教学技巧，它对取得良好的教学效果，实现教学的创新，具有积极的作用。强化教学技能，还能提高教学效率，减轻教师教学负担和教学压力。

教育智慧再"修炼"一点。面对瞬息万变的教育情境，准确迅速地作出判断，恰到好处地妥善处理，从而收到理想的教育效果，这就是教师的教育智慧。

抗压能力再"提高"一点。教师要辩证地看压力，"减压"不是不要压力；教师成长需要压力，有压力才有动力。教师要正确对待工作中出现的挫折和困惑，唯有练就抗压能力，才能做到精神不倒、信心不失、奋斗不止。

时间管理再"科学"一点。时间管理的核心就是，既要充分合理地利用时间，又要努力提高单位时间的工作效率。有计划地使用、合理地安排时间，充分利用零碎时间，预见一些"可用之时"。

锻炼身体再"持久"一点。教师有了健康的身体，就能高效工作，就能提高抗压能力。许多教师都曾锻炼过，但绝大多数教师因种种原因不能坚持下去。身体锻炼，贵在坚持，坚持下去，必见成效。

心理调适再"优化"一点。面对压力，教师还要训练自己的心理调适能力。或适当分解，或寻求支持，或适度宣泄，或娱乐放松，或"阿Q"一下，或上街购物，或接触自然，或静心读书，或出外旅游，等等。

合理借力再"主动"一点。可借同事之力，"众人拾柴火焰高"；可借朋友之力，珍贵的友情也许是最"给力"的；可借学生之力，适度放权，做一个会"偷懒"的教师。个人的能力总是有限，主动借力就能帮助减负。

第四，引导家长协助"减压"。

教师的压力，也可能来自家长。现在绝大多数家长对孩子的期望值很高，对教师的教育教学要求也高。面对"众说不一"的家长诉求，教师时常"一筹莫展"。为了孩子，也为了教师，家长可以帮助教师减压。

家教观念再"提升"一点。家长要进一步提升家教观念，比如品德比成绩重要；德智体美劳心（"心"指心理）都重要，不能只顾"智"；适合的教育才是最好的教育。有了正确的家教观，就会对学校教育有更多的理解。

家庭期望再"理性"一点。现今家长对孩子的期望值不断提高，这样也就于无形中提高了对教师的要求。教师理应更好地教育学生，让学生快乐成长和差异发展。理性的家长，应把期望值调到"适合孩子发展"的指向上。

配合学校再"积极"一点。家长对学校合理的教育教学活动应积极"配合"。可配合班主任,全面教育孩子;可配合科任教师,抓好学科学习;可配合学校,让孩子参加合适的社团活动。有家长的积极配合,教师就能顺利开展相关活动。

对待教师再"理解"一点。孩子学习成绩与家长愿望出现差距时,有的家长将此归罪于教师。教师对学生不良行为的纠偏,有些家长会迁怒于教师。家长要多换位思考,站在理解的角度与老师沟通,共探育人良策。

出现矛盾再"妥处"一点。师生之间可能产生一些矛盾,也可能发生一些偶发事件。师生矛盾,能直接与当事教师沟通的,家长可"坦诚妥处";若不便直接沟通,家长可与学校领导分析具体情况,共商"妥处"之策。

24 校园建设追求"境筑"

乔全生在《瞭望新闻周刊》上撰文指出:"境筑"是一个完整环境的打造与追求,建筑只是成就这一完整环境中的一个元素。成功的"境筑"不能忽视其中任何一个元素,但是任何一个单一元素的追求与发达将完全无法造就"境筑"的理想境界。

我觉得这一提法非常有道理,也非常及时。厦门一中新校区的建设,对我、对新班子都是个极大的挑战,我们绝大多数同志对建筑不太熟悉,但我们在各方的支持下,利用学校"两基"小组(学校基建领导小组和学校基建监督小组)的平台,集思广益。整个建设过程,虽无"境筑"一说,但有"境筑"之求。特别是作为育人的重要场所——学校,其建设更应该追求"境筑"之境界。因此我们本着追求"境筑"之理念,从管理层到执行层,从"两基"小组到全体教职员工,都为"境筑"去探索、争锋。

新校区建成了,"境筑"之韵也基本上达到了。

"境筑"追求之———以人为本。

学校是人群集中的地方,教师和学生是"人",他们的活动时间和活动空间集中在什么地方,这些地方的建筑就要充分计设好。

教室是师生活动最频繁的地方,我们就设计得宽敞些;黑板用拉动式的,共有四块,一堂课下来,基本上不用擦黑板,又让不同身高的老师都好使用;教室后面给每个学生留了个小橱柜,可以放些学习用品之类的东西;阶梯教室共五间,每间都紧邻教室,从教室到阶梯教室,最远的也只需1分钟;走廊宽敞,护栏宽大而精致,颇具观赏性和安全性;课桌椅由全校学生参与设计,充分体现人性化,细小到桌边上的小钩用于挂雨伞之类;人行道宽敞(包括校门前的地下通道和校内人行道),车行道有序,人车分流,确保安全;图书馆的桌子,是个扇环形,可以任意组合,适应不同人数的学习和交流,与人的活动达到最大程度的和谐。

"境筑"追求之二——文化渗透。

环境文化是学校文化的重要内容,环境文化包括物质环境文化和精神环境文化。

厦门一中新校区的墙壁文化,内容涵盖百科,涉及古今中外,颇具特色;图书馆的孔子雕像,是中华传统文化的传承;艺术楼前的"动感地带",则体现了现代的韵律。

民间有把六阶幻方埋藏在房基中,具有避邪镇恶、保佑平安的吉祥作用的传说,一中新校区教学楼之间的地面砖镶嵌一块刻有六阶幻方数字的石板,横行、纵列和对角线上的数字之和都是111,显得吉祥神秘。

一中新校区的楼名、厅名都渗透着"文化"。一中的校训"勤毅诚敏"被融入四幢楼中。恪勤楼（取意《国语》:"朝夕恪勤,守从敦笃,奉以忠信,奕世载德,不忝前人。"）、弘毅楼（取意《论语》:"士不可以不弘毅。"）、思诚楼（取意《孟子》:"思诚者人之道也。"）、行敏楼（取意《论语》:"君子讷于言而敏于行。"）。一中新校区的楼名还有：景行楼（办公楼）、厚德楼（原新都宾馆）、行健楼（原厂区宿舍楼）、日新楼（原厂房）、致远楼（学生公寓）,厅名有：博观厅、从善厅、闻韵厅、思齐厅。

"境筑"追求之三——素育氛围。

营造有利于素质教育的育人环境和氛围,始终是新校区建设的基本理念。

利用一中周边的地势而建的亭台栈道,漫步其间,身心舒展,人与自然如此和谐。

一面落差极大的山壁,我们充分利用地势制模成"攀岩",像游泳课一样,把攀岩列入厦门一中校本课程,实行分专项、分阶段训练,成为体育教学的一个新亮点。为了让一中传统游泳能全年进行,我们不仅建设了50米室内泳池,还低价进口国际上现有的最先进的热泵,这样就可以保证一中学生每天都能进行游泳锻炼。

在艺术楼里,有宽敞的排练厅;在现代教育中心,有多功能的演播厅和学生电视台;在图书馆里,有创造发明基地和机器人工作室;学校还充分利用地势,采用架空、连廊、下沉、绿地、山地、各种大厅（文化厅、学术厅、文艺厅、休闲厅、活动厅、演播厅等）,给学生留足了活动空间,让学生的综合素质得到充分的施展和发展。

"境筑"追求之四——历史传承。

百年一中的学校文化,是一任任校长,一批批教师,一代代学子参与建设、传承而发展起来的。

一中新老校区，有100多米的连廊，一中的学生，既可受到百年历史积淀文化的熏陶，又能在具有现代气息的校园学习和生活，新老校区的文化交融，就像知时节的好雨，时时润入学生的心田。一中老校区设计了红色清水砖墙和红色瓦顶，新校区采用酷似清水砖而优于清水砖质感的"珊瑚纹面砖"贴墙面，屋顶则采用青瓦。红墙，体现传承，新老校区建筑浑然一体；青瓦，象征创新，是在传承百年名校建筑文化基础上的创新。

从高空看一中两校区，宛如一本打开的大书，新老校区是对称的：主校道都是"步步登高"，层层台阶延续着代代学子的梦想；主校道前方是幢主楼，老校区是教学楼，新校区是图书馆；两校都有田径场，老校区300米、自然草，新校区400米、人工草；体育馆也是对称的，老校区在最右边，新校区在最左边；老校区有生物园，穿过连廊就是新校区白鹤岭下新的生物园，一个平坦，一个险峻，相得益彰，有利于研究生物多样性。

"境筑"追求之五——融入自然。

一中新校区地处市中心繁华地区，由于地势不规则且高低落差大，给设计带来很大挑战。但一中人和设计者大胆创新、巧妙构思，充分利用现有地形，充分融入自然，变不利因素为特色风采。

利用两幢大楼——12层的行政楼和6层的实验楼，挡住了来自文园路的噪音，在此之后的教学楼因此显得肃穆静谧，与后山的亭台楼阁，构成了生动和谐的人文景观。

走进一中新校区，拾级而上，步步登高，行至大转盘，意犹未尽，曲径通幽处，可登白鹤亭（白鹤亭是厦门市老二十四景之一），它坐落在艺术区内，是学生练艺的好地方，又是生物基地，里面将建一个蝴蝶生态园，尽量不破坏原有的山形地貌，铺曲折小径、点缀山石，使之成为学校美丽的后花园。

我们还巧妙地利用高差9米的地形，把运动场一半架空，运动场下面是可容纳2000人同时用餐的食堂，预留200个汽车车位及1000辆自行车车位的停车场。

"境筑"追求之六——整体和谐。

放眼一中新校区，整体布局合理，高低错落有致。有山之清秀，有水之灵气，有树之阴凉，有花之神韵。有亭台石凳好读书，有园林小景好休闲。正如记者所言："一中新校区，充满书卷气。"

深入一中新校区，你更会为设计者的巧妙"隐藏"而叹服：教学楼边"生出"

了五间阶梯教室，与普通教室距离近，方便使用；教学楼底层架空，多出了百米的风雨跑道；行政办公楼有一座学术楼：博观厅（1103座）、从善厅（160座）、闻韵厅（330座）和思齐厅（118座）。有道是：显张扬一中校区建筑之大气，展示学校文化大智和大爱。

漫步一中校区，虽说不上有"采菊东篱下，悠然见南山"那种意境，但此中"境筑"之真意，着实让人感受到其浩然之气和悠然之气。

>>> 25 >> 保持危机意识

比尔·盖茨有句名言："微软离破产永远只有18个月。"这句话，让全体微软人都充满了危机意识。危机意识成为微软前行的精神动力。

哈佛大学是靠什么成为全世界最优秀的大学？至少有一条重要的因素，那就是强烈的危机意识。听听哈佛大学校长德里克·博克在哈佛350周年校庆的讲话，你就能感受到这一点。他说："如果说350年来哈佛有一个贯彻始终的特点的话，那就是我们总是在心神不定地担忧，即使在从外界形势看来没有任何理由这样做时也是如此。"

强大而优秀的企业，都有危机之虞；世界名校，也时刻防范危机的到来。我们普通的学校，更要有比他们更强烈的危机意识。严格地说，我们绝大多数学校的危机意识不强，多数学校心存侥幸心理，认为不会出现什么大的危机。万一出现了，运气好的可以"大事化小小事化了"，多数情况是恐慌无措，学校形象受损，个别学校可能在"阴沟里翻了船"。

其实，学校具有危机意识，可以增强学校的发展意识，可以增强学校的创新动力，可以增强学校管理者和教职员工的责任心，可以增强学校的忧患意识。居安而思危，未雨而绸缪，常思危才能保持清醒的头脑和奋发有为的精神状态，不满现状，积极进取。

中小学校园危机既有一般危机所具有的共性，又有自身的特点。校园危机，大致有以下几类：一是涉及生命安全的危机事件，如地震、台风、洪水、火灾等自然灾害事故，社会动乱、食物中毒、校园暴力、流行疾病等人为伤害事故；二是涉及学校和教师信誉的危机事件，如教师对学生体罚或变相体罚，学校办学质量持续滑坡，学校或教师乱收费等；三是涉及学校持续发展的危机事件，如资金短缺、生源不足、优秀教师流失、教学质量下降、人际关系紧张等问题。

校园危机导致师生安全受到威胁，学校形象声誉受损，学校经济遭受损失，管理运转难以畅通，学校发展严重受阻。作为一校之长，一定要提高自身的危机意识，既要有效防控危机，防患于未然，又要在危机来临时有应对危机的勇气、能力和智慧。

危机无处不在，危机无时不在，学校危机是很难完全避免的，但我们可以从以下几个方面共同努力，从而及时发现危机征兆并采取有效的预防措施，并能在处理危机的过程中化解危机，转危为安。

一是办学理念：追求高远境界。办学理念是学校的灵魂，体现学校的价值取向。学校追求高远的育人境界，就不会安于现状，就会奋发有为，学校蕴含着前行的动力，就能在很大程度上避免危机的发生。

二是管理团队：加强危机管理。学校管理团队必须在具有危机意识的前提下，不断增强危机预测、预防能力，对付危机的最好方法是在危机尚未完全形成时就有效制止它。同时要加强与各方的沟通和交流，防控和解决危机离不开有效的沟通。

三是学校师生：强化危机意识。危机管理，还必须师生积极参与。广大师生只有具备了一定的危机意识，通过学习政策法规、分析典型案例、讨论制定预案等，才能不断提高应对危机的能力，才能在危机面前沉着冷静、随机应变。

四是危机管控：重在制度建设。做好危机管理，制度建设很重要。危机管理制度包括危机爆发前的预防机制、危机爆发时的应对机制、危机爆发后的恢复机制。只有制度建设好了，才能防控在前，有效应对一旦发生的危机，"危"后恢复并竭力化"危"为"机"。

危机爆发后，必然会引来众多媒体的密切关注，学校要正确处理好与媒体的关系。其中信息公开是应对学校危机的一项非常重要的措施，通过公开相关的事实信息，可以满足公众了解事实真相的需要，稳定公众的情绪，引导公众乃至整个社会积极参与应对危机。

学校危机信息公开应采取以下策略：公开的主体——有发言人统一对外发布信息；公开的策略——全方位公开与重点公开相结合；公开的内容——以事实信息与行动信息为主；公开的表达方式——口径统一、简明扼要；公开的时间——第一时间公开与实时公开相结合；公开的途径——多渠道公开信息。

26 安全管理重在预防

学校安全,重在预防;安全防患,重在有效。

第一,制度预防。

校长靠什么管理学校?一靠思想教育,二靠规章制度。思想教育是基础,规章制度是保证。哈佛大学的成功,主要是形成了一种明确的办学理念,一套系统的制度和机制,即使没有校长,哈佛一样可以正常运转。学校安全也是这样,首先要建章立制,一切按规矩办事。有了制度,学校安全工作就有章可循,安全管理科学规范,措施具体,责任明确。

我们说,学校安全管理应遵循"积极预防,依法管理,社会参与,各负其责"的方针。"积极预防",就是要防微杜渐,防患于未然。"积极预防"是坚持"安全第一"的具体体现。"积极预防"要求我们在学校安全工作中,要建立各项安全管理制度,持之以恒地做好学校日常安全工作,认真排查和整改安全隐患,积极落实各项安全措施,把安全事故消灭在发生之前。

第二,观念预防。

我国著名预防犯罪问题专家、中国人民公安大学王大伟教授,在中央电视台、北京电视台作了数百场预防犯罪与被害的讲座,大力倡导"以人为本,观念预防"的安全防范新理念。安全防范,不能光靠技防,更重要的是观念预防,如果思想上有了预防的观念,许多安全事故就不会发生。

曾有人想可以用技术预防解决一切问题。由于治标而不是治本,所以采用防范技术后,犯罪率一度下降,马上又回升。因此,西方近来流行"软技术预防",软技术预防=观念预防+简单的技术预防+科学评估,这就把预防提升了一个档次。有效预防,必须要做到技防、物防、人防相结合,但最重要的还是观念预防。

第三,全面预防。

学校安全的有效预防,还要做到全面预防。我们知道,就厦门的情况而言,溺水、交通事故、校园周边暴力,是需要重点预防的,因为这些是厦门学校安全问题的"三大杀手"。但学校安全涉及多个方面,还要全面分析,采取有效措施。

比如,学生的心理问题,是近年比较突出的一个问题。其原因多为学生学习生活节奏加快,升学压力加大,就业形势比较严峻,自杀者有之,出走者有之,更多的是环境适应问题、情绪问题、人际关系问题、恋爱问题、性心理问题、贫困生问题,等等。加强心理教育刻不容缓,其中预防心理问题尤为重要,要让每个学生"保持心理健康,注意心理安全"。

又如,网络安全问题,也是近年来颇为突出的一个问题。网络不良信息对学生的侵害,网上交友不慎的惨痛教训,部分学生出现"网瘾综合症",极个别学生计算机犯罪,这些都要求我们加强网络安全教育,要让学生做到"正确使用网络,防止网络侵害",学会在"网海"里冲浪,在"网海"里遨游。

第四,重点预防。

我们说要全面预防,但在具体预防时还要重点预防。

就厦门的情况而言,比如,从非正常死亡人数和事故发生率看,溺水、交通安全和校园周边暴力是"三大杀手",就要重点预防。既要加强有关安全的宣传教育,又要抓具体的落实;既要加强安全管理的制度建设,又要注意抓过程的安全检查;既要进行安全隐患的排查(如建筑工地水坑的填埋或设置警示标志),又要注意提高学生的安全防范技能(如让学生学会游泳)。

又如,对一所学校而言,还要注意重点部位(如校门及周边小巷、学生宿舍、学生食堂、校园边角僻静处、化学品仓库等)的安全预防,注意重点时段(如上学放学、午餐午休、课间操、晚自习下课后等)的安全预防,注意重点人员(如少数"问题学生"、少数"偏激教师"、临聘人员等)的安全预防,注意重点活动(如游泳课、外出参赛或活动、大型集会等)。

第五,科学预防。

预防也要讲科学。

比如,火灾的预防,就是一个很讲科学性的预防。如,购买具有"3C"标志的电器产品;不违章使用电器设备,尤其是"热得快"、电炉等;不要私拉乱接电线;宿舍内禁用明火;不能夜间点蜡烛看书;等等。

又如,溺水的预防,也是要处处讲科学。如,不要独自一人外出游泳;不要到不知水情或比较危险的地方去游泳;中小学生必须在家长、老师或熟悉水性的人的带领下去游泳;易抽筋者不宜游泳或不要到深水区游泳;不要酒后游泳;在游泳中如果突然觉得身体不舒服,如眩晕、恶心、心慌、气短等,要立即上岸休息或呼救。

再如，八月份性侵害案件高发，女生出行要格外小心。这里，送女生一首科学预防的歌谣：八月谨防性侵犯，暴露衣裙应少穿。盛夏之夜危险大，观念预防记心间。

第六，人人预防。

所谓人人预防，就是要求学校人、家庭人、社会人都要有预防意识。

先说学校人。校长要抓安全，因为"校长是校园安全工作的第一责任人"，对学校安全工作负总责。校长要亲自关注安全工作，要把安全工作纳入学校工作的重要议程，常抓不懈。分管安全的校领导对安全工作具体负责，分管领导要集中精力抓安全工作，切实负起责任。保卫科长或保卫干事，抓学校安全，是职责，是工作，要全面负起责任来。

其他校领导，是不是可以不管安全了？绝对不是！每位校领导都要有安全意识，都要把安全预防落实到所分管的工作中。分管教学的副校长，至少涉及课堂安全、实验安全、体育运动安全、社会实践安全等等；分管后勤的副校长，至少涉及食品卫生安全、校园设施安全、校舍安全等等。

年段长、班主任与学生是"零距离"接触，更是学生成长的呵护者，更应细查学生安全隐患之苗头，及时预防。年段长、班主任又是和家长联系的"纽带"，他们可以更好地让家长提高安全意识，实施有效预防。

科任教师、学校职员、临聘人员也要有安全意识，时时提醒学生注意安全，处处细查安全隐患，发现问题，及时解决，及时报告。

第七，处处预防。

学校安全预防，不只是在教室里，也不只是在校园内，而应在师生活动的所有场所。有道是"处处留心方能平安无事，时时警惕才可高枕无忧"。

就校内而言，包括校内的道路、教室外的护栏和楼梯、学生宿舍和食堂、实验室、图书馆、运动场等等。其中楼梯和学生宿舍要重点预防。

就校外而言，校园周边是否有暴力伤害学生情况？学生回家的路上是否有安全隐患？学生家庭周边是否有安全隐患？甚至学生的家庭里是否有安全隐患（诸如煤气是否会泄漏，家庭有无用电安全隐患，等等）？都应注意了解和提醒，以防不测。

第八，时时预防。

学生在校上课要预防，但更重要的是上学和放学时间的预防；学生在校期间要预防，但更重要的是学生放假回家期间的预防。特别要注意刚放假的前几天和快开学的前几天时间，这段时间往往是事故的高发期。

时时预防，就是要求大家时时刻刻都要有安全意识，时时注意安全防患。这种"时时"，体现在上课时、下课时、上学时、放学时、活动时、运动时、游玩时、旅行时，特别是看似平安时，更要注意安全事。切记：忘记安全之时是事故到来之日。

第九，创新预防。

安全预防也要注意创新。

比如，能否设立班级安全信息员，一个明的一个暗的。明的，可以将所见到的安全问题或安全隐患，报告给年级或保卫科；暗的，可以将因担心打击报复而不敢报的安全问题或安全隐患直接报给保卫科。

又如，在师生中进行"安全隐患大家找"活动，让学校师生员工查找学校的安全隐患，查找的过程，其实就是一次安全教育的过程。类似地，可以进行查找或自编"安全防患名言警句"活动，看谁找得多，看谁编得好。

学校还可以尝试与校园周边商家、单位（部门）和居民一起建立"安全防患共同体"，共同制定"安全防患公约"。一方面，学校积极与有关部门沟通，帮助商家、周边单位（部门）和居民解决有关困难，简化有关经营手续；另一方面，校园周边商家、单位（部门）和群众，都要共同维护学校安全，发现情况，及时化解，及时通报。学校和有关部门，每年还可以表彰一批先进成员，给先进授牌或给予奖励。

学校还可以结合各项活动，融合渗透安全教育。国旗下讲话可渗透，夏令营里可渗透，家访时可渗透，学科教学中可渗透。有的城市，还将安全问题巧妙融入了中考题中，以增强师生的安全防患意识和安全防患技能。

第十，人文预防。

学校安全工作重要，但也不是要搞得人人自危。毕竟社会总体是平安的，总体是和谐的。

学校安全教育，还要根据不同年级学生的特点，使用不同的语言和开展形式多样、丰富多彩的活动。如对幼儿园小朋友，可以使用平安歌谣和平安童话；对初中生，可以使用顺口溜和安全演练；对高中生，可以开发安全教育校本课程，编写类似《中学生安全知识》《中学生安全教育读本》等教材，进行系统的安全教育。

一些安全教育的口号或话语，也应人文化。"生命第一，财产第二""珍爱生命，安全第一""让人一步，海阔天空""安全是人生理之外的最大需求""安全是生命之源、幸福之本""安全伴着幸福，安全创造财富，安全等于生命""安全工作时时抓，事故消灭在萌芽""安全是追求完美，预防是永无止境""朋友，请你记住，你可以没有其他文化，但你不能没有安全文化，因为它是人类生存本能需要的文化"等，就是颇具人文化的口号或话语。

在安全教育时，也可引用一些名言警句，增强安全教育的感染性。"居安思危，思则有备，有备无患""生命不保，何谈教育？""'人生天地间，忽如远行客'。生命只有一次，相对于天地之悠悠，一个人的生命是短暂的，失去了就无法挽回""把生命融入知识，知识因此而鲜活；把知识注入生命，生命因此而厚重""任大事，不觉难；作小事，不敢忽""千里之堤，溃于蚁穴""前车之履，后车之鉴"等，都是富有哲理的安全名言警句。

下 编

教而育之那些事儿

>>> 01 >> 修炼文化力

文化,《辞海》是这样界定的:人类社会历史实践过程中所创造的物质财富与精神财富的总和。文化一经作用于人,无论物质的还是精神的,都将释放出文化力,亦即创造新物质文明和精神文明的生产力。校长文化可解读为:在学校文化进程中所折射出的校长独有的精神追求和教育行为特征。校长文化力,是指文化作用于校长转化产生出来的"力"。

校长是学校的灵魂,一所学校所表现出的文化,无不凝聚着校长在执行学校文化中"魂"的作用,这种影响不仅取决于物质上是否充裕,更取决于精神上是否充实。校长文化力体现在其学校管理、办学思想、行为方式、学养提升、人格风范等方面。

学校管理的文治境界。"人治"是靠校长来治理学校,"法治"是靠制度来治理学校,而"文治"就是靠文化来治理学校。"人治"弹性太大,不太讲规矩;"法治",是一种刚性的他律。学校管理的高境界要求,还需要全校师生有共同的精神追求和共同的价值观,这就需要文化的引领,这就要求管理走向"文治"。"文治",着眼于管理人的思想(信念和价值观),间接地影响人的行为。"文治"的新观念:文化就是力量;文化,在制度管不着的地方起作用;制度在执行的过程中有很大的文化空间;校长的文化力是无形的,但无形胜有形。

办学思想的文化内涵。办学思想,是指在一定社会文化的影响下校长对办学方向、指导思想、办学原则、办学目标和办学途径等的系统认识。校长的办学思想是校长文化的核心,它是一系列先进教育观念的基础。理想的办学思想,应当体现教育规律、体现以人为本、体现引领教育改革潮流的文化内涵,在学校发展中起到导向作用、鼓舞作用、凝聚作用、感召作用,这些"作用"就是校长文化释放的"力"。

行为方式的文化润泽。文化可分为三种形态:物质文化、精神文化和方式文化。人们所说的"有文凭没文化",就是指没有文化方式上的涵养。因此,现代校长就要在文化方式上努力做一个有"文化"的校长。校长求真务实的工作态度、平实友善的工作作风、民主平等的议事规则、熟岗精业的工作精神等，都是在文化"浸润"下的一种体现。校长的行为方式，一旦有了深厚的文化润泽的底蕴，就能在潜移默化中达成无为而治的管理境界。校长的行动就是无声的命令，全校师生的积极性、创造性就这样"自然而然"地充分发挥出来了。

学养提升的文化积淀。学养即学识和修养。学识水平是一个人已有知识及技能和再学习能力的总和，在一定程度上标志了其思想、理念的深度和技能水准。修养，指人的综合素质，特别是修炼养性方面的。校长的学养，可以反映出校长的文化。学养丰厚的校长，给人以"文化"感。校长文化贵在长期积累，贵在与时俱进，贵在及时吸纳，贵在不断创新。校长文化的积淀过程，也是持续释放文化力的过程。

人格风范的文化呈现。校长的人格风范，是校长文化的个性表征。校长文明的举止、宽厚的气度、敏锐的思维、风趣的谈吐、创新的眼光、治学的态度等，都可以赢得广泛的信赖和敬佩。校长的人格魅力所产生的吸引力和感染力对师生的影响是巨大的、深远的，有些方面甚至会影响他们的一生。校长的人格魅力，会吸引优秀教师慕名而来，名师荟萃的学校，必将跃上新的发展平台。

说到"校长文化"，我们有必要再说下"学校文化"。学校文化是围绕教育教学管理而形成的观念的总和。它包括学校的教育理念、办学宗旨、发展战略、发展目标、奋斗目标、师生素质、学校道德、行为规范、校风、礼仪庆典、学校形象等。学校文化体现在校长制定学校发展思路及工作计划之中。校长文化和学校文化"水乳交融"，两者只有在多元文化的背景下有机结合，相生互动，才能与时代共振，共促学校发展。

说到"校长文化力"，我们顺便说下"校长跨文化力"。在地球已经成为"村"的今天，校长必须要有"全球化""国际化"的视野，校长的"跨文化力"便呼之而出。校长只有拥有了跨文化力，才能领导学校更好地参与和融入到这种国际合作与交流的潮流之中。跨文化力，是衡量校长驾驭和适应多元文化挑战能力的一个重要标尺，是当今时代要求校长应具备的一个"力"。

校长文化力的修炼，一是学习教育文化方面的书籍，如《教育文化战略构建》等；二是广读人文类的书，不断增强学养；三是加强人品修养，努力做一名有个性的儒雅校长；四是强化"文化就是力量"意识，以"文化铸校"；五是培育学校文化，实施"文化育人"，校长要竭力而为。

>>> 02 >> 修炼道德力

"小胜靠智,大胜靠德","百行以德为首",可见"德"在人的一生发展中所占的分量。校长大小算个官,校长就要有为官之德,为官一任,发展一方。《左传》上说:"太上有立德,其次有立功,其次有立言。"做人,以德为本;做官,以德为基。"国家把整个的学校交给你,要你用整个的心去做整个的校长。"校长高境界的"德",在学校教育教学工作中发挥着巨大的作用,德能服人,德能感人,德能聚人,德能育德,德能立威,德能励志,德能增效。反之,"上梁不正下梁歪","己不正,焉能正人",良好的道德品质和高尚的情操是校长成功的保证。

道德素质内容很广,包括伦理知识、伦理造诣、道德规范内化程度、约束取向、价值维度、慎独程度、情操、气节、品性、品行、气量、风格、境界、作风、勇气、正气、责任感、法纪信守等领导素质因素。

校长之"德",于校长本人至少与道德领导、道德管理、道德规范有关;于学校发展至少与课程道德、课堂道德、教师道德有关。

道德领导。道德领导——领导者既是群体、组织活动的指挥者,同时也在接受下属的道德审视和心理评判,是下属观念、行为的引导者、示范者。可见,领导要以道德信念为核心,通过自身的道德建设,树立道德榜样,激发被领导者的自觉行动,从而推进事业发展,共同实现领导的目的。"做人第一,管人第二",校长把管人上升到做人的层面,是高超的管理艺术,是管理的最高境界,也是道德领导的一种要求。

道德管理。道德管理是在学校管理中,校长充分利用道德的力量,充分发挥自身道德影响力的一种管理策略。校长还要强调教师在管理中起道德示范作用,强调学校的所有管理工作都要以道德为抓手,这种"道德"既体现在管理者身上,又体现在对被管理者——学生目标的引领上。事实上,道德管理,本质上是一种人本主义的管理思想。

道德规范。道德规范具有底线，但在教育多少被异化了的今天，这种底线常常被突破。在追求分数的路上，不少校长，忽视了对心灵的关注，忽视了对教育良知的坚守，忽视了对教育本真的遵循，把"有温度的教育"变得异常冰冷。"教育不是升学，是成长，是幸福；教育不是训练，是生活，是创新；教育不是管束，是唤醒，是发现"，校长们做到了吗？

课程道德。课改走到今天，在价值取向上，有平稳至上者——学校象征性地"改"；有效率至上者——教育质量约等于升学率，其本质是功利至上；有发展至上者——着眼于学生的发展、教师的发展和学校的发展。"发展至上"的课程设置，就是我们所说的课程道德。以追求学生身心的全面发展、全体学生的共同发展、尊重学生的差异发展和学生未来的持续发展的课程设置，在我看来就是一种课程道德。

课堂道德。课堂是师生互动心灵对话的时空，课堂是师生唤醒各自潜能的时空，课堂是师生共同创造奇迹的时空，这就是课堂道德带来的时空。课堂是面向每一颗心灵敞开温情的怀抱，课堂是点燃每一位学生思想智慧的火把，课堂是情感态度价值观激情迸发的舞台，这样的课堂就具有了课堂道德的意蕴。课堂随时都有意外的通道和美丽的图景，课堂最显眼的标志是平等民主安全愉悦，焕发出生命活力的课堂才是理想的课堂，这就是我们追求的具有课堂道德的课堂。

教师道德。校长之"德"，不仅要体现在自身上，还要体现在培育道德之师上。教师职业道德规范，是师德的底线。道德之师，应有更高的道德境界。具有崇高师德，就是要求教师在燃烧别人的时候，首先要燃烧自己。燃烧自己，就是学高为师，就是行为世范，就是人格感召，就是魅力熏陶。崇高师德不仅是教育事业对教师的要求和新形势对教师的呼唤，而且是教师自我需求和自我创新的本源。

校长道德力的修炼，一是坚定信念。信念是道德的基石，要有执政为民的正确的权力观、政绩观和名利观；二是修养心性。良好道德从心灵深处迸发，此为立德之基、隆德之源；三是善学慎行。学以养德，慎微、慎好、慎独，严于律己；四是理解"真教育"，勿忘教育本原，"以德育教"；五是道德实践，在道德体验中感受和提升"道德力"。

>>> 03 >> 修炼学习力

学习，就是通过读书、听课、研究、实践等手段获取知识和技能。学习力，是一个人、一个组织学习的潜力、毅力和能力的综合体现。校长学习力，是指校长通过各种渠道，采取多种手段，提升自己和学校学习的潜力、毅力和能力。

校长要成为"首席学习者"。一个好学的人不一定能当校长，但想当好校长，就首先必须做一个好学的人。校长好学，可以提升和强化自身的领导魅力，可以影响学校的学风，可以促进学习型学校的建设。有人说，校长学习的程度决定着学校发展的高度；高学习力的校长是学校发展的时代要求；校长本应是读书人，校长不读书学校会平庸。

要修炼校长之学，似可从以下几个方面进行。

既要书刊学习，又要实践学习。教育书刊、文化书刊、校长所教学科的专业书刊都是校长要学的；进行实践学习，实践中有案例、有情境、有经验、有问题，在实践中获得真知，在实践中形成能力。

既要进修学习，又要终身学习。进修学习的最大好处是能系统学习，对知识有一个整体的认识，还可以与教师、同学共同探讨有关问题；从学习的角度看人生，人生便是一个学习的课堂，这个课堂中永远听不到下课的铃声。

既要追踪学习，又要思辨学习。追踪几位教育大师和他们的书籍、文章，找机会向他们请教，索要一些资料，也是一种学习；古人治学要求"审问之，慎思之，明辨之"，都是要求我们"思辨学"，对新理论、新观点、新方法、新技能既大胆地吸收、借鉴，又灵活地将之与工作实践相结合，有选择、有批判、有针对性地加以运用，绝不能照搬照抄，生搬硬套。

既要合作学习，又要孤独学习。从低层次的孤独之学，走向有热情的共同之学，再进入高层次的孤独之学，再走向有愿景的共同之学，又再进入高境界的孤独之学……如此循环，"直上云霄"。

既要课题学习，又要学术学习。从事一项课题研究，要写文献综述，读他人文章著作，在完成课题的过程中既学习了许多知识，也培养了科研能力；争取机会参加学术会议，可以在学术会议中了解学术动态，进行教育争鸣，还可以在学术会议中获取新的知识。

既要网上学习，又要参观学习。现代校长，应该建立"基于网络的自主学习"模式，学会在网上探索、研究，利用电脑进行资源管理等；参观学习能给人一种感性认识，获取一些实用性很强的资料，能和有关人员交流感兴趣的问题，留下较深刻的印象。

既要探究学习，又要拓展学习。以研究者和体验者的眼光审视、分析和解决学习中的问题，在学习中探究，在探究中学习；拓展学习是一种从专业到泛专业的学习过程，围绕专业的拓展学习是提升校长精神境界和教育视界的有效方式。

既要虚心学习，又要传播学习。"三人行，必有我师"，为学者，"虚怀若谷"，必有大益。传播——讲学、讲课、讲座，要讲给别人听，你能不学吗？在不影响工作的前提下，适度传播，你就能在传播中"丰富学识"。

校长不仅要成为"首席学习者"，校长还要成为"学习领跑者"。换句话说，校长要把自己所在的学校建设成"学习型学校"。

学习型学校的学习，一是这种学习实指"学习力"——学习的潜力、毅力和能力；二是这种学习是与工作相结合的学习；三是这种学习是持续性的学习；四是这种学习是组织学习；五是这种学习是创新学习。

学习型学校，需要学习型校长。学习型校长是学校发展的设计师，是共同目标的开发者，是组织学习的总教练。衡量校长学习力有一个重要标尺，就是看能否引领团队、教师和学生学习。

团队学习，有共同的职业追求，有共同的价值取向，有共同的自主活动，在"共学"中涵养心性，在"共思"中启迪心智，在"共研"中升华心境。教师学习，为师要"自主学""用心学""合作学""虚心学""探究学""拓展学""致用学""灵活学""思辨学"和"网络学"。学生学习，从学会到会学——会科学地学、会策略地学、会创新地学，从被动学习到自主学习，从个体学习到合作学习，从接受学习到探究学习，从维持学习到创新学习。

校长修炼学习力，一是养成终身学习的习惯，天天学习，天天进步，终身学习，终身受益；二是以实践为基、问题为本，在反思中深度学习；三是瞄准前沿学习，追踪宏观教育的理念和微观教学的动态，了解国际教育的趋势和国内教育走向，时时关注教育的新进展；四是经验学习，"他山之石，可以攻玉"；五是引领学习，在创建学习型学校中"将学习进修到底"。

>>> 04 >> 修炼研究力

研究，是指钻研、探索、商讨、考虑之意。"研"指审查、细磨；"究"是指穷尽、追根求底。简单地说，"研究"就是一个认真地提出问题，并以系统的方法解决问题的过程。校长研究力，就是指校长面对所提出的问题，利用资料信息和各种方法，进行钻研、分析、探索，获得解决问题的能力。

我们说，"教师要成为研究者"，其实校长更应该成为一名研究者，努力做研究型的教育领导者和行动者。校长成为研究者，是其专业发展的实际需要，是其专业发展的核心要素，对学校发展、教师发展和学生发展有着重要的引领作用。

陶西平说："要想成为一个优秀的校长，首先必须是一个学习者、研究者。"说得很有道理，因为校长对学校工作进行了研究，就会有高度、有深度、有广度、有远度、有精度、有角度，让学校发展更精彩。

研究，提升精神的高度。大多数校长能保持精神的充盈，而进行了研究则能提升校长的精神高度。把学校发展纳入研究的轨道，校长的精神视界必高。把教育事业看成一棵大树，对树来说"根深才能叶茂"，就教育而言"研究愈深则发展愈好"。

研究，保持思维的深度。研究与思维密不可分，"研"之久则思必深。坚持研究，思维往往处在活跃状态中。学习在很大程度上是获取知识，而研究则是建立在学习基础上的思考。研究型校长，不仅有行动，更要有想法、有思维深度。

研究，拓展知识的广度。研究者时常会有这样的感觉，随着研究的深入，越来越"知不足"，学之后继续研究，研之后又发现新的不足。就这样，从低水平的"不足"走向低水平的"足"，又从低水平的"足"走向高水平的"不足"，进而走向高水平的"足"。

研究，具备透视的远度。校长坚持研究，既能探明今日教育之良知，明晰教育大潮之潮势，更能触摸明日教育之心脉，遥感未来教育之趋向。研究，不仅让校长看得深，而且让校长看得远。

研究，追求探索的精度。作为校长，仅有敬业精神是不够的。敬业，更要精业，要以精业的态度对待工作，要做就做到最好。研究，是一条通往精业的道路。校长研究，就能使微观管理"精深化"、中观管理"精细化"、宏观管理"精致化"。

研究，改变眼界的角度。研究，让校长以全新的眼光审视教育问题，以独特的视角透视教育现象，以理性的探索践行教育工作。新的教育思想，必然在教育改革的实践中产生；新的教育观念，应当在教育实验的探索之中，逐步升华与完善。

用什么力量来推动事业的发展？各有各的"推力"。有人用权利之力来推，有人用行政之力来推，有人用人格之力来推，有人用制度之力来推，有人用文化之力来推。我认为，以研究之力来推动教育发展，是校长工作追求的新挑战和新境界。

校长研究，是基于案例的情境研究。教育，涉及面广，涉及因素多，这就要求教育研究必须置身于具体的情境中。离开情境的研究，只能是理想化的研究，甚至是机械的、空洞的、凭个人经验的研究。

校长研究，是基于问题的行动研究。校长针对教育实践中的问题进行行动研究，就可以把实践和研究结合起来，研究成为工作的一部分，工作也成为研究的一部分，实践中的诸多问题就在研究中得到了解决。

校长研究，是基于群体的合作研究。教育问题的广泛性、多样性、复杂性和综合性，决定了校长研究在许多情况下是要"集体攻关"的，这种"集体攻关"常常表现为课题组形式，校长是"集体课题"的"顶层设计"者。

校长研究，是基于个体的自主研究。合作研究之外，还有一种以"个人课题"呈现的自主研究。校长的自主研究，就是校长找到自己的研究点、兴趣点和需要点，进行具有独特性、自主性、灵活性、实践性和实用性的研究。

校长研究，是基于原创的独到研究。"学院派"的研究与教育实践常有脱节的现象，完美的教育理念在复杂多变的教育现实面前显得很脆弱，因此时代呼唤教育研究者要深入到教育实践中去。一线校长的研究，往往是基于原创的独到研究。

校长研究，是基于经验的反思研究。教育专家认为，校长不再是匍匐在教育理论脚下唯唯诺诺的"侍者"，而是带着批判的、以审视的目光检验其真伪的"法官"。教育研究需要反思，校长研究的反思更多的是基于经验的反思研究。

校长研究力的修炼，一是要有"学当学者"的勇气，校长应是一名学者；二是要有持续研究的精神，研究是要"坐冷板凳"和"甘于寂寞"的；三是要把学校管理纳入研究的范围，因为"管"而不研则浅；四是弘扬学校研究文化，不仅校长成为研究者，管理团队、广大教师也都要成为研究者；五是系统学习教育研究方法，方法对了，"你的世界就对了"。

>>> 05 >> 修炼指导力

指导，就是指示教导，指点引导。指导力，在这里实指教学指导力。校长指导力，是指校长在学校教育教学活动中提出教学愿景，引导教学改革，提升教学境界，促进师生发展的影响力。

常规教学也好，课程改革也罢，都在呼唤校长教学指导力的提升。南京市教育局徐传德局长曾说："人们常说，'校长是一校之魂'。但我认为，'魂'要附'体'，如果'魂'不附'体'，那就失去了价值。这个'体'是什么？就是学校的教育教学！校长必须要回到教学指挥的位置上来。"

教学是学校的工作中心，校长的教学指导，一是指导教学思想的本原回归。思想决定方向，校长一定要正确把握教学改革发展的走向，树立正确的质量观、学生观、成才观、教学观，逐步形成体现本校价值观的教学思想。二是指导教学常规的有效落实。教学常规管理是一种最基本的、相对稳定的规范性管理，校长要在制定好教学常规上下功夫，并指导常规"常态化"执行。三是指导有效推进教学改革。教学改革"从纲领到行动"，还有很长的路要走；"从单项到综合"，开始系统设计，要配套推进；"从显性到隐性"，已从显性教学改革项目，进入到教学方式、学习方式等隐性改革。校长能不指导吗？

校长教学指导，可以从以下几个方面进行。

教学指导是发展的指导。尊重教师、关心教师、培养教师、激励教师、开发教师的潜力，成为教学指导的内核。

教学指导是研究的指导。教学探索，路在何方？路在校本教研的深化。校长要从"教师的关注点"出发，指导校本教研，着力提升教师群体的教研能力。

教学指导是"建制"的指导。"建制"，就是建立对话、交流、互动的教学研究和实践机制。期盼这种机制的合作力，能成为更多教师"自主教研""创新实践"的内驱力。

教学指导是过程的指导。教学过程的指导，也就是对教师备课、上课、反思的指导。这些是常规的、很具体的指导,"细微之处"的指导,方显指导之功力。

教学指导是多样的指导。教学指导应是多样的,可以是集体的、集中的、宏观的、整体的,也可以是个别的、分散的、微观的、具体的,视情况而定。

教学指导是教"学"的指导。教学往往被简单地理解为"教",其实教学既包括"教"也包括"学",教"学"指导就是要指导教师"教学生学"和对学生进行学习方法的指导。

校长指导教学管理,要抓住几个关键环节。

一抓教学的计划管理。管好了计划,就管好了"起点"。计划在胸,便于指导,便于监控。在关注学校的、教研组的教学计划的同时,一定要加强对备课组和教师个人教学计划的管理。

二抓教学的组织管理。教学活动系列化,诸如学习课标、集体备课、研究教材、分享教案等;教学研究多样化,诸如检验交流、切磋教法、探索教改、组织观摩等;学习培训层次化,诸如通识的培训、专题的培训、提高的培训等。对这"三化"都要组织管理好。

三抓教学的常规管理。传统的教学常规管理照常进行,建议能进一步落实"双基",培养能力;抓好习惯,适度训练;讲求实效,精编练习;因材施教,分类推进;及时反馈,弥补缺漏;说课说题,取长补短;利用媒体,提高效率。

四抓教学的质量管理。管好了"质量",就管好了"终点"。质量标准的制订,应是科学的、全面的、综合的;质量形成的监控,要紧紧抓住可能影响质量的因素,并及时加以干预;质量价值的评价,要肯定成绩、发现问题、提出建议。

校长指导教学有三重境界。第一重境界是"常听课""会评课";第二重境界是在第一境界基础上再上点"常态课""探索课";第三重境界是在第二重境界基础上再上点"观摩课""示范课"。并不要求所有的校长都要步入第三重境界,但步入第一境界是最基本的要求。"大校长"要走进"小课堂",其实学校中最重要的事恰恰就是发生在"小课堂"里。课堂永远是教育改革的龙头,只有抓住要害,繁杂众多的教育问题才会迎刃而解。

学校指导力的修炼,一是校长要自觉成为"懂教学"的内行的专家,要会全面指导教学;二是要有教学境界的追求,始终把握教学制高点,引领学校教学高水平发展;三是丰富自己的教学学养,掌握课程、教材、教法的基本理论和前沿动态;四是深入教学一线,潜下心来抓好教学工作;五是在听课、评课中,要注意在"不完美"中寻找"闪光点"和"创新点",发现教师的潜能,并及时激活其潜能。

>>> 06 >> 修炼学科力

学科,是指按照知识的性质划分的门类。校长学科力,就是指校长在自己所从事的学科的教育教学教研中所取得的业绩对他人的影响力。

我国中小学教师,绝大多数有一门自己所教的学科,这种分学科教学相沿成习,已经成为一种思维和行动定势。师范教育,按学科分出"某某学院"或"某某系";教师培训,按学科分类进行;学校也是按学科分出"某某教研组";高考中考,也基本上是按学科进行的,虽说有文综理综大类,也多为"拼盘",真正学科间的综合,微乎其微。

写了上面这些文字,是想说校长绝大多数是从一线教师一步步干上来的,校长有自己所教的学科,或者说校长曾经是某某学科的教师。

理想的校长应该是一位学者,至少也要努力成为一名学科专家。作为校长的学者化,就是必须对自己所从事的某一学科有深入而精深的研究,形成独特的知识结构和能力结构,有较高的学术水准,有较强的研究能力,有坚实的理论功底,有丰富的教育经验,有创造性的研究成果,在教育理论与教育实践方面有建树,终而成为一名学科教育专家。

学术超拔的校长给人以专业感,这种专业感将推进学校教研科研的发展和促进教师专业发展。当校长在教学管理、教育科研、教师发展方面发出某些指导性意见或是期盼性寄语时,校长本身就是一个榜样。事实上,许多名校长,他们在当教师时也都是名教师,如魏书生、刘彭芝、程红兵、李镇西、刘可钦、孙双金等。

校长在当教师时,最好是名教师。他们工作出色,教育效果好,为同仁所熟知,为学生所欢迎,为社会所认可,有相当的名气和威望。

下面我们用简约的"数学语言"描述名师的特征,主要是写给"可能走向校长的教师"看的,这些"特征"将给广大教师一个走向名师的"可视路径",努力达成就可以为未来校长的学科力奠定基础。

名师的特征＝动力特征＋学识特征＋人格特征＋教学特征。其中，动力特征＝人生观＋教育观＋成就感＋进取心；学识特征＝扎实的基础知识＋宽厚的教育科学知识＋精深的专业知识＋广博的文化知识＋不断获取的新知识；人格特征＝为人师表＋举止优雅＋追求完美＋律己宽人；教学特征＝情知交融＋心灵相悦＋动态生成＋真实有效。

名师的成长过程是一个学者化的过程。成为学者型的教师，为教师的持续发展指明了方向。名师的学者化不是一步到位的，学者化的实现有一个从"低层——中层——高层"的过程，而这里所说的"高层"是无止境的。学无止境、教无止境、研无止境，是名师学者化的基本原则和目标。

学者化有什么特征？不凡的学术勇气，强烈的课题意识，执着的探究精神，全面的信息素养，较强的创新能力，丰硕的研究成果。远观全国名师李吉林、张思明，近观福建名师陈日亮、张远南，哪一个不是著作等身？哪一个走的不是学者化之路？学做"学者"，如何？

我在这里结合自身的体会，想特别谈谈当了校长后，如何处理好校长治校和学科发展之间的关系。

许多校长忙于处理学校宏观问题，忙于事务性的管理，远离了课堂，更没有和学科"亲密接触"，久而久之学科"撂荒了"，在学科教育教学方面没有"权威的话语权"了。换句话说，对这样的校长而言，他的学科力就"暗淡"了。

不是说校长不要研究宏观问题，不要处理具体事务，而是说校长是"师者之师"，就要有"学科高度"。在一定程度上保持学科研究的高度，是曾经为优秀教师的校长骨子里应有的情愫。

我是数学特级教师，当了厦门一中校长后就没有上过正规的数学课了，我就去上高一年级的"学习方法课"，每周有4节课，课上讲的案例基本上是数学的；对数学教学的热爱，驱动着我经常去听数学课，课后和授课老师交流看法；数学组开会，只要有时间，我就去参加，和大家一起探讨数学教育教学问题；哪个年段想请我作个数学方面的讲座，我都乐呵呵地答应；全国性的、省里的、市里的数学学术活动，只要不冲突，我争取参加；哪位数学老师请了事假或是生病不能上课了，我是教务处首选的代课教师，我可以从初一代到高三，可以上必修课、选修课和奥数课；市里、区里或兄弟学校请我为数学教师开讲座，谈专业发展，我都尽量去讲；去外地开会，我多次利用会议间隙应邀为当地师生作讲座或讲课；我一直订阅《数学通报》《数学教育学报》等10余种数学教育教学刊物，刊物一到至少粗读一遍，再研读感兴趣的文章；数学刊物向我约稿，我也是克服困难尽量支持；出版社向我约书稿，我也答应了，当校长期间就出版了《任勇与数学学习指导》等多部数学专著。

回眸校长之旅和专业之旅，我甚至感到我当校长期间的数学专业发展步入了一个新的境界。因为没有具体的班要天天备课上课改作业，没有升学的压力，所以我有更大的数学教育教学平台，我在这个平台上"不用戴镣铐"，跳出了精彩的"数学之舞"。

校长学科力的修炼，一是坚信"学科力"对校长而言，是一种非常重要的非权力影响力，要"想修炼"；二是坚持订阅一定数量的学科教育方面的刊物，挤出时间阅读，保持对学科教育的"前沿观察"；三是在不影响"平衡"的前提下，尽可能参加自己学科的教育教学活动；四是在培训、培养、培育所教学科青年教师方面下功夫，给师"一碗水"，自己当有"滔滔水"；五是要和学科团队共同努力，开展特色学科创建活动，如果能形成学科文化，那就更好了。

>>> 07 >> 拥有教育家情怀

"没有最好,只有更好"是成为教育家型校长的最高追求,但在现实的教育实践中,并不是每一个校长都能称得上是教育家,都能成为教育家。我们希望更多的校长是拥有教育家的情怀,这样的校长具有做教育家的境界和视野,具有做教育家的不懈追求和美好梦想。

有人说:"校长是家不是官,校长是家不是匠,校长是家不是神,校长是家不是商。"这里所说的"家",就是指"教育家"。校长只有把自己定位在教育家这个目标上,才能办本真的教育,才能脱离官气,不做教书匠,不被神话,远离商气。

俄罗斯优秀校长评选标准中有这么一条:"每一位校长都应该是一个教育家。肩负教育使命,心怀天下教育,而不只是停步于管理好一所学校,要关注教育的前景与未来,关注整个民族整个世界的教育事业。校长必须要有教育家的情怀。"

优秀校长要有教育家情怀或努力走向教育家,中外教育界的观点是一致的。

"当代中国有没有教育家?我们要不要为宣传自己的教育家做些认真严肃的工作?"这是"中国当代教育家丛书"序言开篇即抛出的两个问题。面对这两个问题,回答是肯定的。

序言中有这样一段话:"当代教育家有着共同的特质,即有自己的教育思想,对教育有独立见解,有对教育理想的不懈追求;有丰富的教育实践,是有思想的实践家;是改革的实践家、创新的实践家;是先行者、示范者、发动者,是能够提出学校发展愿景目标的总设计师,是能够打造精英教师团队的精神领袖,是一个追求卓越办学成就的领跑人;是人性丰富、人格完善、人品高尚的人。"

校长怎样才能拥有教育家情怀?有人用"和"说,人格和美,管理和顺,教育和雅,校园和谐。有人用"八字"说,博学,大爱,悟性,独立。有人用"四要"说,要有哲学根基,要有深厚的文化底蕴,要有专业水准(包括学科水平和管理水平),要有独特的人格魅力。还有人用"四做"说,做拥有教育智慧的博学者，做把握教育规律的研究者，做创造卓越成就的实践者，做养成办学理念的思想者。只有一个将博学者、研究者、实践者和思想者合而为一的校长，才是最容易成为具有教育家情怀的人。

还有人说做"我行我素"的教育家。"我行我素"是自由的，但不是天马行空，独来独往；"我行我素"是创新的，但不是毫无轨迹，背离规律；"我行我素"是讲究方法的，不仅要"敢于"，更要"善于"。

时代呼唤教育家型的校长。在我看来，教育家型的校长，应是教育理想的追崇者，学校文化的建设者，教育改革的引领者，课程教学的践行者，师者之师的楷模者。

要具备上述"五者"，并非易事，必须在"学、思、研、行、写"中攀登，在攀登中感悟教育的真谛，在攀登中践行智慧的教育，在攀登中找到理想与现实的突破点，在攀登中逐步成"型"——成为走向"教育家型"的校长。

学之道。要成"型"，就必须探索。要探索，就必须学习。探索不断深入，学习就要不断拓展；学习不断拓展，探索的视野更广。

思之道。"学而不思则罔，思而不学则殆"告诉我们：只学习而不动脑筋思考，就会茫然不解；只凭空思考而不学习，就会疑惑不解。

研之道。我思故我在。人是靠思想直立的，没有"思"是不行的，仅有"思"是不够的，还必须在"思"的基础上进行"研"，我"研"故我智。

行之道。"学与思""思与研"还不够，还要践行，走向且思且研且行的境界，不断追求教育工作的"有思想有智慧的行动者"。

写之道。校长发展，"学"是"思"与"研"的前提和基础，"思"与"研"是"学"的总结和提高，"行"是"思"与"研"的实践，而"写"则是"学、思、研、行"的概括和升华。

简言之，教育家之路：学，思，研，行，著。

>>> 08 >> 激情工作

对一个成长中的校长来说，理性的思考是需要的，但富有激情可能更重要。理性是校长洞见问题本质的方法，激情是校长积极向上的精神状态，激情是校长满腔热情的工作态度，激情是校长忘我投入的人生境界。一个敬业的校长应该是一个充满激情的校长，一个优秀的校长应该是一个激情四射的校长。

激情使如春水般平静的校园多了几道涟漪，也使校长教育生涯增添了几抹光彩。要成为一名优秀校长，就要对教育充满激情。有道是：教育因激情而精彩，校园因激情而美丽！"道始于情"，活力四射的校长会给师生留下深深的"烙印"。

不是说校长不要"平"、不要"稳"，而是说校长要在"平""稳"的基础上，充满"激情"。这种"激情"基因，表现在人大附中刘彭芝校长身上是风风火火，表现在建平中学冯恩洪校长身上是儒雅睿智，表现在中关村三小刘可钦校长身上则是举止优雅。

我手头有本魏书生老师主编的《如何做最好的校长》，怎样才能成为最好的校长呢？序言中说，做最好的校长必须有激情、有魅力、有思路、能创新。

"做最好的校长，首先要有激情！"我当时的确没有想到，现在觉得"激情是一个人工作的原动力，是成功的内在源泉"，校长理应"有激情"，这样才有走向成功的基础。

刘学柱在《中国教育报》上发表一篇文章——《教师信任什么样的校长》，写了五种类型的为教师信任的校长。其中就有"活力四射的现代型校长为教师所信任"，具体内容如下：

年轻有为的青年校长活力四射，那是他们青春的体现；韶华已逝的老校长青春焕发，更为难能可贵。活力四射、青春焕发，一则指一个人的精力与干劲，二则指一个人的思想面貌和精神状态。作为校长，在处理好管理事务的同时，要积极走到教师当中，走进课堂，甚至亲自授课，对教学工作热情不减，对教学研究也情有独钟。作为校长，要勇于开拓创新，敢作敢为，积极稳妥地推进课程改革，走在课改最前沿，千方百计谋求学校发展。这样的校长是活力四射的。活力四射的校长紧跟时代步伐，绝不因循守旧、亦步亦趋；敢于作为，绝不四平八稳、安步当车。活力四射的现代型校长，充满朝气，精力充沛，具有现代气息。这样的校长，让教师充满期待和希望。

校长怎样才能让自己充满激情呢？

一是要热爱教育工作。热爱教育工作是产生教育激情的源泉和动力，校长对职业的态度决定了校长的行为和结果，有职业理想和热爱教育事业的校长，才会激情奔放地栖居于校园里。

二是要提升学识水平。学识水平是校长已有知识及技能和再学习能力的总和，也是校长产生激情的前提和条件。有了博识之基础，才能有专业自信，才能激情满怀、洒脱自如地进行工作。

三是要培养工作热情。热情是激情师生身上最为显著的特征，热情会促使师生情知交融精心施教。一个对工作充满热情的校长，当他走进校园时激情便"呼之欲出"。

四是要活动前充分准备。只有校长活动前充分地准备，才能保证校长在活动中张弛有度，才能让活动激情飞扬。校长还要精思巧构，创设意境，引发新奇，谋出妙趣，激情在"备"中生成。

五是要调节心理状态。校长工作很繁杂，总会有影响情绪的事发生，如人际关系处理不当、身体状况不太好、遇到麻烦的生活琐事、某些事被师生误解等，这时校长就要注意调节心态，至少让自己走进校园时能保持快乐的心境，渐入"激情时刻"。

六是要学会创造激情。创造激情就是要学会不断出点子，不断寻找激情方式。比如幽默风趣的语言、热情地参与活动、适度的才艺表演、惊奇地欣赏师生等。

当然，要避免几个误区：激情就是搞笑；激情就是哄堂大笑；激情就是高声喊叫；激情就是抢占时间；激情就是故弄玄虚。

教育因理性而智慧，教育因激情而更精彩！

>>> 09 >> 尊重师生

"尊人者人恒尊之",人只有尊重他人,才能尊重自己,才能赢得他人对自己的尊重。校长要赢得师生的尊重,首先要尊重师生。赢得师生尊敬的校长,就能在工作推进中赢得支持,就能让学校管理深入人心。

尊重是一种平视平等的人生态度。有了这种态度,校长就会站在教师立场说话,就会基于学生视角看问题,就不会将自己的观点和意见强加于师生。当然,校长作为师生中的一员,还要有"平等中的首席"意识,要体现校长与师生是一种平等的关系而又能起到引领的作用。

尊重是一种内在修养的外在表现。尊重人,既是一种源于内心的主观愿望,也是一种为人处世的德行涵养。只有"源于内心",才能自觉地"眼神里充满暖意"地面对师生;只有基于"德行涵养"的尊重,才能真正传递心灵之间的信任与爱。

尊重是一种学校发展的人文基础。尊重人,是校长得以顺利开展工作的基石,也是学校构建和谐校园的需要。校长管理,从尊重开始,尊重是一把火,燃起师生奋发的热情,尊重也是发展力——以"看不见的手"之力在推动着学校前行。

校长如何尊重师生呢?

有人给出了五个关键词:微笑、尊称、了解、赞美、信任。

有人提出了九条建议:严于律己;充分信任教师;学会真诚;学会宽容;实行民主治校;了解教师需求;关注教师健康;注重对教师的培养;动态评价教师。

我这里也梳理出校长"尊重师生"的"八个要"。

第一,要读懂师生。学校工作要得到师生的支持和配合,要调动教师工作和学生学习的积极性,校长首先要读懂师生。校长当熟知教师生活之态和学生发展之需。有些校长办学之所以收不到理想效果,是因为在很大程度上没能读懂师生,没能因势利导激发师生潜能。

第二,要理解师生。百度一下"理解万岁",最佳答案是:"人和人之间,能够理解与宽容,那将是社会和谐的永恒。"理解人,才能重视人、关心人、宽容人、尊重人。校长只有从内心深处理解师生,理解师生之境况、困难和所作所为,基于"理解"基础上的管理,即便"严格"也能让师生感受到暖意。

第三,要保护师生。教师作为知识分子,是很要面子的。学生作为成长中的人,不太完善的心智也是很脆弱的。校长就要积极维护师生的尊严,要设身处地替师生着想,要给师生面子。比如对师生的错误,在众目睽睽之下批评,就容易伤及师生的自尊心,"私下批评"也许更好些。

第四,要信任师生。信任就是相信而敢于托付,李镇西校长曾说:"只有把教师当伙伴、当朋友,和教师建立一种真诚信任、互相理解的平等和民主的关系,校长才能真正实现有效的管理……让每一位教师都有一种被信任的尊严感……这样,校长快乐,教师温馨,学校必然和谐而充满勃勃生机。"

第五,要服务师生。校长是师生的公仆,公仆的职责就是为人服务。在以人为本的时代里,学校管理的最大价值就是为教师服好务,进而全面为学生服好务。服务于师生的工作、学习和生活,主动为师生排忧解难,校长"讲的是师生想的,干的是师生盼的,改的是师生怨的",校长的"服务"必将赢得师生的拥戴。

第六,要培育师生。"为发展而教育",是一种办学理念,这"发展"既有学生的发展,也有教师的发展。对师生进行"培训"是一重境界,对师生进行"培养"是二重境界,而对师生进行"培育"就可以说是三重境界。校长精心培育师生,帮助师生达到能够达到的高度,"各造其极",是对师生的最大"尊重"。

第七,要成就师生。马斯诺需求层次理论,将人类需求像阶梯一样从低到高按层次分为五种,分别是:生理需求、安全需求、社交需求、尊重需求和自我实现需求。其中尊重需求包括:成就、名声、地位和晋升机会等。可见"成就"是"尊重"之需。校长就要砥砺师生"力创佳绩",获得成就感,享受辛福感。

第八,要调适师生。无论是教师还是学生,面对当今这个充满竞争的时代,其身心"压力山大"。校长一方面要通过学习和研究,掌握教师心理学和青少年心理方面的基本知识,尽可能走进师生的心理世界,"视其所以,观其所由",练就一双发现师生心理问题的"慧眼",做师生心理的"按摩师",让师生之"心"永远飞扬。

校长,从心底尊重师生,将"尊重"融于无痕,让"尊重"浸润心田,校园就会充满人文气息,学校就在"尊重"与"被尊重"中步入了新的境界。

>>> 10 >> 大道至简

"大道至简"源自道家思想。大道,是指事物的本源,生命的本质。大道至简的含义就是最有价值的道理其实是最朴素的道理,很重要的道理其实是很平常的道理。

大道至简应是一种境界,就像读一本书。初读,是从简单到复杂,再读是从复杂到简单,读熟了就只剩一个纲了,这就是简。

大道至简也是一种哲学,无论是做人还是做事都会给人以指导。在当今这个大千世界中,我们要学会把复杂变成简单,用智慧创造"简单",在变迁中不断升华。

联系到"管理",我们不妨重温一下美国管理大师杰克·韦尔奇的几句管理名言:"成功属于精简敏捷的组织。自信可以使复杂的问题简单化,而简单的程序可以保证快速的应变。""管理越少,成效越好。""一致,简化,重复,坚持,就这么简单。"

简单就是一统,简单就是高效,简单就是力量,简单就是技巧。删繁就简,抓大放小,不仅是一种管理意识,而且是一种管理智慧,更应该成为一种管理能力和管理实践。

把问题简单化,是一种更高的管理艺术。越简化,内涵越丰富,越难以把握,越需要管理者有高度、有境界、有功力。简化的过程就是萃取、浓缩和提炼的过程。简化的东西都是精华。化简为繁的管理者是不明智的,而化繁为简的管理者则是高明的。

联系到学校管理,校长也要有简单管理的理念:管理越简单越好,越是简单的,越是有效、稳固、恒久的。换言之,简单管理也许是最好的管理。

一是管理理念要简单。学校的管理理念要简单明了,要将办学思想体现在管理理念中,凝练出简明、深刻、易记、好操作的话语。如西点军校的"坚决执行,马上行动",就是经典而明快的管理理念。

二是管理方式要简单。管理方式，是解决如何进行管理的问题，包括管理方法、手段、程序三个方面。好的管理方式，不在于面面俱到，而在于有用、实用、管用、好用，目标、任务和举措等要一目了然，好执行、好落实、好检查、好考核、好总结。

三是管理层级要简单。从一定意义上讲，管理层次是一种不得已的产物，是有副作用的。层次多意味着费用也多，沟通的难度和复杂性也将加大，多部门和多层次往往让管理复杂化。规模不大的学校，应实行扁平化管理，尽量减少层级和冗员，以提高效率和效益。

四是管理机制要简单。管理机制本质上是管理系统的内在联系、功能及运行原理，是决定管理功效的核心。决策机制、执行机制和激励机制等宜简单明了，如大胆授权放权，合理的任务分解，让合适的人做合适的事，优化工作程序等。

五是管理事情要简单。事情能否简单解决，关键不在于事情的难易程度，而在于解决问题的人是否采取了最简单的方法。用复杂的方式处理问题，问题就很可能变得复杂；用简单的方式处理问题，问题就可能变得非常简单。

六是管理文件与开会要简单。对上级的文件和会议，要合情合理办理，能归并的归并做，能融合的融合做，能预见的提前做。对学校的文件和会议，就要精练和精简，少发文少开会。就是必开的会也要从简，校长带头"讲短话"，紧扣主题抓住核心，节省时间提高效率。

只有简单化，才是最好的。简单化管理，是一种用最小的投入获得最大效益的管理模式，其核心是要形成一种自然秩序。也就是说，当学校中的每个岗位、每个环节、每个人都知道什么时候该做什么、怎么做，学校的秩序自然就形成了。简单管理不简单。

大道至简，省下的时间做什么？校长和师生应有更高的追求，要把省下的时间和精力放在最重要的事情上，让自己、师生和学校在大格局大视野中大发展。

追求简单，并不是不关注细节，而是想方设法用最直接、最简单的方式解决包括细节在内的问题；追求简单，就不宜事事都要争第一，都要完美往往做得并不完美，还会耗费不少时间和精力；追求简单，并不是不要调查分析，而是要事先积极调查和分析，从而给出最佳的解决方案。

学会运用简单的智慧，崇尚简单管理，是校长要努力追求的管理新境。

>>> 11 >> 有"情趣"

本文所说的"情趣",指的是"高雅情趣"。

叶圣陶先生曾说过:"我们的校长需要多些情趣,把我们的学生从繁重的课业中解脱出来,还给他们一片空间,让他们在一个有着愉快的学习氛围的校园里,感受学习的乐趣和生命的真谛。"但在大多数学校里,由于校长是领导者和管理者,校长给人的印象更多的是严肃、公正,似乎不敢有"情趣"。

其实,校长首先是一个人,一个活生生的人,一个具有生命灵性的人,其次才是"管理人"——校长。从某种角度上说,校长首先应是一个富有情趣的人。

有情趣的校长,能够活跃周围的气氛,让师生感到轻松和愉悦。校长良好的情趣,带给师生一种闲适、一种亲和、一种轻松。

有情趣的校长,能让师生感受到他是一个热爱生活的校长,也是一个富有感染力的校长。生活本身应是色彩斑斓的,有情趣的人就会感知生活中的点滴幸福。

有情趣的校长,往往心态阳光,面带微笑,语言轻松幽默,兴趣广泛并在某些方面见长,既能和学生共情,又能和年轻教师打成一片,还能和老教师融洽相处。

有情趣的校长,工作时专心致志、充满智慧,休闲时能显才艺、生机勃勃。积极工作和享受生活是不矛盾的,休闲时的非正式沟通,也许是最好的沟通。

有情趣的校长,不是书呆子,也不是权贵,更不是"冷血动物"。这样的校长,懂得师生生活之态,就能想方设法为师生营谋趣味和创设快乐氛围,为师生减压。

校长的情趣,有多种"形态"。有的校长有某方面的艺术特长,有的校长有某方面的体育特长,有的校长擅长写诗,有的校长爱好书法,有的校长精于厨艺,有的校长痴迷收藏……只要能坚持下去,就会给生活带来更多的快乐,就会给工作带来更多的成效。

让师生"工作着，快乐着"，"做一个有情趣的校长"，其实就是提出了一个"情趣管理"的理念。

有人说，这种"情趣管理"，洋溢在管理者微笑的脸上，表达在管理者富有感染力的话语中，渗透在积极有效的情感沟通里，包含在灵活多样的激励方式中。

有人说，这种"情趣管理"，最终表现为一种文化特质和人文精神。它的根本特征在于让教师团队在工作、生活中感受到情趣，从而以积极的态度，主动自觉地投入到教育教学中去，尽可能充分发挥每位教师的潜能。

有人说，这种"情趣管理"，就是营造一个有情、有景、有趣的工作和生活环境，让团队在其中感受情，体味趣，激活团队成员内心真、善、美的因子。

如何使自己成为一个富有情趣的校长？

一是增强"情趣沟通"意识。校长的情趣，可以产生积极沟通的效应。比如，校长爱打篮球，就能和师生切磋球技。在"切磋"过程中，沟通往往是平等的，沟通往往是专注于球技的，但在这个过程中，校长对师生的了解和师生对校长的认识都会有新的感觉。

二是增强"情趣生活"意识。当了校长后，有些校长就有意无意地收起了自己的"情趣"，给师生一种感觉——校长缺乏情趣。其实，作为校长，要在"情趣生活"中享受七彩人生，可以一展歌喉，可以拍摄美景，可以静心写作……境由心造，积极而为。

三是增强"情趣活动"意识。校长的情趣爱好，更多地体现在校长的业余活动中。让人"眼前一亮"的校长，可能出自校长的"情趣活动"；"与众不同"的校长，也许是校长的"情趣活动"给人留下深刻印象。

做一个有情趣的校长，带领师生一起走进有"情趣之境"的校园生活。

>>> 12 >> 适度钝感

"钝感"是相对于"敏感"而言的。

教育需要敏感,教育有时也需要钝感。教育的敏感,在很大程度上是一种教育智慧;教育的钝感,也许可以说是一种境界。

按照日本著名作家渡边淳一的解释,"钝感力"可直译为"迟钝的力量",它是"赢得美好生活的手段和智慧"。如此看来,敏感、钝感都是一种智慧,就看我们怎么去修炼、怎么去辩证运用。

在我看来,校长的钝感力是一种"管理无痕"的境界。

学校的发展,并不都要急速扩张、"狂飙突进",弄不好"欲速则不达"。有时"慢一拍"也许是最佳的成功节奏。与时俱进,对这"进"的速度与时机要把握好,该"进"则进,那是事业发展之必然。但有时是可以"以退为守""以静制动""韬光养晦"的,缓冲一下,"养精蓄锐"之后也许蕴含着更大的爆发力,这是事业发展之应然。

前些年各地纷纷进行"初高中分设""名校办民校",厦门的校长们"愚钝"了,没有"及时跟进",今天看来是"愚钝"对了。我们说,作为校长,保持一定的敏感度是必要的,但更为重要的是对自己内在价值的认同。校长应该成为有思想的教育实践家,有思想的教育实践家,就会在管理中体现价值领导,更会以价值领导来谋划学校发展。

我在厦门一中担任校长期间,"让每个学生都会游泳",这是我的"敏感"视域,从我的价值认同到全校教师的价值认同,我们走过了一段"曲折"之路。在推进"游泳"的过程中,由"敏感"到"钝感",再从"钝感"到新的"敏感",一个教育理想逐步实现了。

对于学生犯的错误,许多班主任往往很敏感,为了"防患于未然",班主任会及时处理学生的错误,或通知家长共同教育,或在班级里进行批评,或反映到年级主任、学校德育处甚至校长那,或在教师休息室里"传播事件",一时间犯错的学生被学校领导、年级主任、班主任、学科教师、家长"严肃批评",甚至要在班级或年级作检讨,学生成长之路走向"低谷",心理素质不太好的学生很有可能形成"破罐破摔"的心态。所有的批评都很及时、很善意,反正"该说的都说了,该讲的都讲了",但学生的心理感受如何?我们的教育效果如何?恐怕没有多少人去思考这个问题。

我觉得,校长要指导班主任,深刻领悟"教育是慢的艺术"之真谛,去处理这类问题。能包容的包容之,能善待的善待之,能"冷处理"的"冷处理"之,能不张扬的尽量不张扬,能不向上反映的尽量不向上反映,给学生一个认识错误的过程,给学生一个改正错误的机会,"静待花开",相信大多数学生的错误是"成长中的问题"或是"发展中的偏差"。班主任的适度钝感,也许就是"大爱无疆",也许就是"育人无痕"。

当教育理想遭遇教育残酷现实时,任何彷徨、困惑、叹息都是没用的,唯有以教育者的勇气、执着和智慧去积极面对,先谋后动,"敏于心而钝于外"地去精心实施,坚持思而后行、行而后思、思中有行、行中有思,在"且思且行"中,去逼近教育理想。

王铁军教授就校长钝感力修炼提出了九条"源自"策略:源自校长的自我认知与激励;源自校长的深度思考与慎独;源自校长"如理乱麻"的理性;源自校长"急流勇退"的胆识;源自校长"难得糊涂"的清醒;源自校长"大肚能忍"的大度;源自校长"后发制人"的韬略;源自校长"以柔克刚"的睿智;源自校长"厚积薄发"的积累。

说得真好!校长若都有这些"源自",学校管理能不走进无痕之境吗?

>>> 13 >> 提升心理素质

心理素质，是指人在感知、思维、想象、观察、情感、意志、兴趣、性格等心理因素上表现出的特点与品质。

在经济全球化、信息网络化、文化多元化、人生学习化的今天，学校教育向何处去？当教育面临许多困境、困惑和机遇、挑战时，该如何走出困境、解除困惑，抓住机遇、迎接挑战，校长没有良好的心理素质是难以推进学校发展的。

心理素质好的校长，才能审时度势、稳中求进。校长要直面挑战，推进事业，但教育问题又有其特殊性，许多时候"急不得"又"等不得"，"等不得"就要"进取"，"急不得"就不能"冲"，"冲"得太快了就要"稳一下"，教育改革只能"心态积极"地在进退适中稳步推进。

心理素质好的校长，才能心态积极、阳光向上。一个人能否成功，关键在于他的心态。具有积极而阳光心态的人，能把工作的烦难看成练就能力的机会，能把紧张的生活调得轻松愉快，能把繁琐的事务变得简单干练。

心理素质好的校长，才能知难而进、开拓进取。事业发展永远有挑战，学校管理永远有问题，教育变革永远有困难，面对挑战、问题和困难，校长要保持良好的心理状态，迎接挑战、战胜自我，直面问题、破解难题，知难而上、开拓进取。

心理素质好的校长，才能冷静自制、果敢镇定。校长要面对纷繁的人、事、物，校长以何种心态处之，非常重要。校长既要"凡事淡定"，保持冷静，遇到生气的事时，还要学会自制，遇到急事、险情时，又要果敢、镇定，从容处置。

心理素质好的校长，才能严于律己、宽以待人。心理调节能力强的校长，能够严于律己，在律己中走向完美；又善于宽人，在宽人中达成信任。校长的宽人，像一缕阳光，让师生感到温暖；像一丝春雨，让师生感到滋润；像一粒爱的种子，在师生心中萌芽。

美国心理学家威尔逊说："无论人生如何一帆风顺，总会有令人紧张，感到压力的时刻降临,尤其作为领导者,误会、争执和竞争都可能增加心理负担。只有适时减压,才能保持良好的心境。"

"压力山大"的校长,如何缓解自己的心理压力呢?有人给出了应对压力的10种方法,即微笑、听音乐、建立一个关于赞美的文档、在网上冲浪、和学生在一起、读书、享受自然、有效地管理时间、和同行一起行动、保持积极的心态。校长不妨一试。

缓解心理压力很重要,提升校长心理素质更重要。校长提升自己的心理素质,应该做到以下几点:

一是通过日常读一些心理学书籍来充实自己心理学方面的知识,增加心理承受能力与抗挫性,同时,可参加心理培训与辅导方面的讲座。

二是校长要充满自信心,培养自己的"侵略性",要准确对待权威和上级,倡导"不唯上,不唯权,不唯书,只唯实"的精神。

三是要学会超脱,学会适度分权。合理分配与处理事务,切忌事无巨细、事必躬亲。"校长适度分权,工作事半功倍。"

四是要学会采用"快乐预防法"和"肌肉快乐法",多点幽默,多点快乐,调节紧张的心绪,适应繁重的工作。

五是增强日常工作的计划性,把每天的工作进行分解,分阶段、有步骤地完成,减轻因工作量大而带来心理负担。

六是处理矛盾冲突时冷静自制,果敢镇定,处理前先想一下"我是校长",从大局考虑,进行"冷处理"后再深入细致解决问题。

七是敏锐感受,快速适应。做到准确把握学校教职工的心理动态,并且以最快的速度给予反应。

校长的内心世界,真的需要足够强大。一个好校长,理当是一个有着积极心态的人,是否有积极的心态在很大程度上决定了校长能否成功。

境由心造,相由心生,物随心转,事由心变。"心"强大了,还有什么不可能?

>>> 14 >> 练就语言魅力

语言是思维的外壳,是人们交流思想、传递信息和表达感情的重要工具,同一个问题,在不同的场合、面对不同的对象,就有多种不同的语言表达,就会产生不同的效果。

语言表达是现代成功者的一项基本素质,成功者不仅需要渊博的知识、娴熟的技能和独到的见解,而且还要能很好地表达出来,如此才能取信于他人。能说会道、能言善辩的人,往往能吸引人,为人所喜欢和亲近;拙嘴笨舌、语无伦次、词不达意的人,往往让人听之不顺,与人沟通难免不畅。

对管理一所学校的校长而言,其语言要具有艺术性就显得更为重要了。校长的语言艺术,既影响其个人形象和威信,又影响学校领导、管理和教育的成效。当校长有诸多素质方面的要求,简而言之至少要"四能"突出,即德能高尚、才能出众、口能过人、体能胜任,这"四能"缺一不可,缺了"口能"的校长,其工作成效必大打折扣。

校长的语言艺术,不是与生俱来的,需要通过不断修炼来提升。

一要"重视提升"。学校是知识分子集中的地方,校长讲话就不能随便,讲话时既要贴近师生情感,又要符合教育规律。校长说话,关乎形象,关乎沟通,关乎管理成效,校长要重视提高语言艺术,要有"语不惊人誓不休"的勇气和毅力,练就语言魅力。

二要"情感投入"。"言为心声",校长讲话要使师生感到贴心,首先自己的思想感情要与师生紧紧贴在一起。只有与师生"心相通",才能做到"话贴心"。校长要基于对教育的热爱、对师生的挚爱、对家长的关爱,从良好的愿望出发,讲话时体现深刻的寓意、真诚的开导、求新的探索、友善的提醒、艺术的批评、理性的引领、行为的把握,用带有情感之言打动人心。

三要"把握要点"。校长讲话,宜注意把握好以下几个关键要点:明确听众对象,讲话有的放矢;区分不同场合,注意讲话方式;开场白很重要,力争一鸣惊人；讲话紧扣主题，论点明确精练；明确讲话角色，讲话符合身份；时间配置合理，讲话长短适宜；序次安排得当，讲话层层递进；结好尾也重要，尽量留有余味。

四要"辩证运用"。校长讲话要坚持原则性与灵活性相统一。校长的语言应该准确、鲜明、清晰、严谨，不能闪烁其词、模棱两可，语调应该坚定、有力、落地有声，不能吞吞吐吐、张口结舌；灵活性是运用原则性过程中的必要补充，即以原则性为指导，对具体问题进行具体分析和灵活处理。类似地，还有说理性与情感性，针对性和随机性，等等。

五要"形成风格"。校长讲话，如能形成具有自己特色的风格，那就更好了。要形成自己的讲话风格，首先要讲自己的话，尽量自己写讲话稿，讲自己体会深刻的话，讲自己深度反思的话，这样更能打动师生，引起共鸣。其次，要讲新潮的话，这新潮就是教育发展的前沿，就是教育教学的新理念。再次，要讲客观的话，就是讲话是尊重事实的，不是主观臆测、信口开河的。

六要"借助体态"。体态语言，是通过身姿、手势、表情、目光等配合有声语言传递信息的一种形式。如何运用好体态语言，是校长提高自身语言表达能力不可忽视的一个问题。用好目光语言，因为"眼睛是心灵的窗户"；用好微笑语言，因为"微笑是世界上最美丽的语言"；用好头部语言，"昂首阔步"体现正能量，"点头哈腰"就不好了；还有手势语、姿态语都得用好。运用体态语言的基本要求是和谐、得体、自然、适度。

七要"言之有趣"。校长讲话，只求讲"对"，还不够，还要有"趣"，才有意思。得趣于适度幽默，校长的幽默，是其审美情趣、艺术修养、文化素质的综合体现；得趣于内容新颖，说话有新意，讲演有新题，给人以不同凡响之感；得趣于简洁朴素，话在实而不在长，语在精而不在多，概括性好，逻辑性强；得趣于富有节奏，声调有高有低、起伏跌宕，语气有轻有重、有强有弱，语速有快有慢、有缓有急、抑扬顿挫，切不可平铺直叙。

从某种程度上说，语言表达能力是校长需要具备的一种"软实力"，练就语言魅力，校长就有了一笔无形的"随身资产"。

>>> 15 >> 让教师静心工作

郑杰在《给教师的一百条新建议》一书中的第23条建议是"教师要有静气",在他看来:"教师要的是静气,就是要静下心来备一堂课,静下心来批每一本作业,静下心来与每个孩子对话;静气就是要静下心来研究学问,静下心来读几本书,静下心来总结规律,静下心来反思自己的言行和方式,以便超越自己;静气就是要静得下来细细地品味与学生在一起的分分秒秒,乐趣自然在其中,生活的意义也在其中。"

说得真好!浮躁社会需要沉淀书生本色,静气就是一种书生本色。

我们说,教师对教育要充满激情。但激情和静气是不矛盾的,该激情时要激情,该静气时当静气。激情更多的是在课堂上、在与学生的交往中;静气更多的是在独处时、在倾听时。这也许就是教师的"动静分明"。

作为校长,要给教师创造一个良好的工作环境,让教师能够静下心来工作,这既是校长义不容辞的责任,更是校长的一种管理境界。但从目前的教育现状看,多数教师还难以"静下心来教书"。这里既有追名逐利的心浮气躁的时代病的影响的原因,也有学校管理中教师增加了不应有的负担。有的教师成为"工作机器","两眼一睁,忙到熄灯";有的教师忙于琐碎的机械性事务,整天"疲于奔命";有的教师要参加名目繁多的会议、活动,"知名度"提高了,主业却受影响了。

面对社会上的"闹",校长要尽可能减少其对自己的影响。而在学校里,校长就要积极创造条件让学校"静下来",让教师"静下来"。只有这样,校长自己也才能"静下来"。

怎样让学校"静下来"?

一是外来影响"要限制"。学校静不下来,与外来的影响有关。比如"××进校园"活动,当太多的活动都要进校园的时候,校园还是真正意义上的"校园"吗?又如不时要学校师生"走出去"作为"基本观众"参加一些商业庆典活动,学校还能静下来吗？学校无法全部拒绝，但校长要想方设法加以限制，最大限度减少其对学校正常工作的影响。

二是学校管理"不折腾"。学校管理者要提高管理效率，减少不必要的时间和精力成本，不搞形式主义，不搞疲劳战术，不做表面文章，引导学生自主管理，利用信息技术减少管理环节，利用现代教育技术减轻教师教育教学的负担，能不开的会就不开，能不填写的表格就不填，按教育规律办事，求真务实不折腾。

三是校内营创"静文化"。静下心，看似是一种状态，实际是一种境界，一种修养，一种矢志不渝专心于教育的精神品质；潜下心，看似是一种行为，但更是一个习惯，一个准则，一个走进学生心灵、漫步课堂教学的基本要求。校长就要在校内营创这种"静文化"，问题在静中化解，是非在静中明辨，思想在静中绽放，工作在静中出色。

怎样让教师"静下来"？

一是给教师自由的时空。教师的工作是一项特殊的工作，既要在一定时间内完成课堂教学工作，又可以用自由的时空完成备课、批改作业、辅导、研学等工作。教师工作的这些特点，决定了教师工作环境的非限制性。实施教师"弹性坐班"，给教师一定的"自由时空"，才能使教师的积极性和创造性得到更好的发挥。

二是给教师民主的环境。作为知识分子的教师群体，他们对于民主、平等、尊重的情感需要较之其他群体更强烈。校长要坚持民主管理、提倡相互尊重、营造平等相待的宽松的心理氛围，对教师政治上关心、任用上信任、工作上支持、业务上培训、生活上照顾，这样，教师才能心情舒畅、奋发有为地工作。

三是给教师宁静的氛围。校长可以进行一项调查研究，统计一下教师每周的"时间去哪儿了"，看看哪些时间是用在教育教学上了，哪些时间是用在与教育教学不太相关的事务上了。学校要摒弃那些"假、大、空"的教学改革、疲于应付的低效检查、过细过滥的量化考核，还教师一种宽松、平和的工作环境，让教师"静心教书，潜心育人"。

校长的"静心之道"，我以为首先要练就静功，练就静功是一种境界，欲静能静是校长步入优秀的一项基本素质；其次要淡泊宁静，不为眼前功名烦恼，安心做好本职工作，以求精神的充实与丰厚；三是要宁静致远。宁静，不仅仅是走出浮躁和忍受孤独，更要在宁静中储备远行的"干粮"，在宁静中修造远行的"猎枪"。

  静，一种超凡脱俗的心灵状态；静，一种厚积薄发的精神气度。静下来吧，魏书生老师给我的题字就是"静能生慧"。

>>> 16 >> 让学生灵性生长

刘贤昌老师在《教育的灵性追求》一书中,从"生命意蕴"视角将人的灵性解释为:"所谓灵性,简言之,是指一个人清醒地处在当下时分,有着鲜活的主体性意识,有着灵动的思维和鲜活的生命,它充分体现出人积极的生命状态和价值判断,是人的生命力处在良好发展情境下的一种表述。"

刘老师进一步指出:"而今,教育的现实是对功利的过分追求,对思想活力的束缚或对学习内容的生搬硬套,这些都极大地摧残着人的灵性。教师若不创造性地应对,不能够积极营造充满生机与活力的学习场景,灵性便只好在死气沉沉的生活中逐渐衰退。所以,教育要培养出自我完善的人,就务必要注意保存、恢复和拓展学生的灵性,争取做个富有灵性的人。"

笔者手头上有本《让学生灵性成长》(严育洪、管国贤编著)的书,没有对"灵性"作界定,更多的是对教师"死教书""教死书"的批判。序言《不把学生"教死",让学生灵性成长》的第一段就直言指出:传统教学的"死结"更多地表现在两个方面,一是"以本为本"所造成的教学内容的死板,二是"以师为本"所造成的教学活动的死寂,最终导致把学生"教死"。

编者进而指出:对学生而言,理想的教学应该是让学生能够灵性地成长;对教师而言,理想的教学应该是不把学生"教死",这理当成为"以生为本"理念下教师的教学追求。

我之所以用了上述文字来谈"灵性",是想给校长一个警醒:当下教育灵性的缺失,呼唤我们追求有灵性的教育。

细心的读者会发现,本文的标题是"让学生灵性生长",我之所以用了"生长"而没有用"成长",是希望即便是"追求有灵性的教育",也应是生态的、自然的、和谐的,"随风潜入,润物无声",育人无痕。

让学生灵性生长,要做"真实"的教育。真做教育,做真教育。做真正的教育,就是要善于发现学生的与众不同,善于针对每个学生的差异设计不同的灵性生长平台。教育回归本真本原，回归真实生命，回归真实生活，就是一种真实的教育；死知识的教育，机械"追分"的教育，脱离生活的教育，就不是真实的教育。

让学生灵性生长，要做"活性"的教育。活性的教育是生机盎然的，流动着生命的光彩。活性的教育，解放心灵，与一潭死水、毫无生息、死气沉沉的教育格格不入。不把学生"教死"的一种含义是不把学生教苦，让学生走向乐学之境；不把学生"教死"的另一种含义是不把学生教笨，让学生走向智学之道。

让学生灵性生长，要做"智慧"的教育。说到"灵性"，必然会带出"智慧"。学生灵性生长，呼唤教育智慧。教育智慧体现的是一种品质、状态和境界，一种提升学生灵性的行动。教育智慧体现在能够洞察学生的心灵，恰如其分地培育灵性；教育智慧体现在课堂里情知交融、心灵相悦、动态生成、真实有效地激活灵性。

让学生灵性生长，要做"趣味"的教育。灵性生长离不开趣味，翻看各类教育杂志，多有以"趣味"引出"灵性"之文。如《多一点趣味，多一点灵性》就说，教语文什么最难，教出点趣味和灵性最难；《趣味课堂，灵性飞扬》就说，兴趣是最好的老师，当教学能激发学生的兴趣时，可以使学生集中注意力，积极主动地参与到教学中来，点燃学生的探索热情，激发学生的思维和想象力，使全体学生的灵性得到最大程度的发挥。

让学生灵性生长，要做"创新"的教育。灵性与创新，关系密切。有人专门研究并撰文《"理性"、"感性"、"灵性"和"创新"》，指出："我们审视语文的创新教育，不仅要充分发挥'感性'的功能，重视'理性'的作用，更要去寻求不应该失落而遗憾地失落了的'灵性'的价值。"岂止是语文学科，所有学科都要在创新教育中重拾"灵性"的价值。

让学生灵性生长，需要校长的整体设计，更需要教师的不懈努力。

17　让学生优雅

近年来，校园暴力屡见不鲜，学生行为粗鄙也时有所见，如何让学生"优雅"起来，是包括校长在内的教育者面临的一个新的颇具挑战的课题。百度一下"优雅"，会发现更多的是与"女性"有关的话题。但学生是成长中的人，学生所追求的"优雅"，肯定是与之不全相同的"成长中的优雅"。伊莎贝拉说过："美丽的相貌和优雅的风度是一封长效的推荐信。"我们如何让学生在中小学阶段就开始着手"书写"这封推荐信呢？

坚持阅读，优雅之基。培根曾说："读史使人明智，读诗使人灵秀，数学使人缜密，科学使人深刻，伦理学使人庄重，逻辑修辞使人善辩，凡有所学，皆成性格。"中小学生正处在学习知识、形成品德的重要时期，阅读不止，滋润优雅气质的涓涓细流不止。当然，中小学生不是什么书都宜读，学校要为学生提供适合他们阅读的书籍，引导学生爱上阅读。阅读使人"腹有诗书气自华"，是形成一个人优雅气质的最基本的也是必备的条件。

仁礼存心，优雅之品。百度一下"仁礼存心"，说的是："君子内心所怀的念头是仁，是礼。仁爱的人爱别人，礼让的人尊敬别人。爱别人的人，别人也经常爱他；尊敬别人的人，别人也经常尊敬他。"有"仁爱之心"的人，就不会"欺凌同学"，就不会"校园暴力"，就不会"一身匪气"，就会有爱心、悲慈心和同情心。孔子认为，仁爱是做人的根本，人只要能做到恭、宽、信、敏、惠这五点，就可以称之为志士仁人。校长可以抓住这五点，对学生进行"仁爱教育"。

礼让，是守礼仪、懂谦让。其反义词至少有：霸道、蛮横、强横、专横、跋扈。礼让是什么？学校完全可以组织这样的讨论会，让学生"头脑风暴"一番，想必学生会有这样的结论：礼让是一种美德；礼让让生活变得温馨；礼让常常是举手之劳却温暖人心；礼让不仅是一种品格，更是一种做人的基本守则；善行须从礼让始；行车"礼让三先"——先慢、先让、先停；融四岁，能让梨……讨论的过程不就是一次很好的"礼让教育"吗？

全而有特，优雅之核。全面发展，是指学生自身所蕴含的全部潜能的多方面的发展。教育之道，就是要培养全面发展的学生。校长要从引导学生全面发展的方面，来培育学生的优雅气质。"文明其精神"可培育优雅气质，"野蛮其体魄"又何尝不是一种优雅之道？学校在培育学生优雅气质时，千万不要扼杀青少年的个性特长。学生至少可以在丰富多彩、种类多样的学生社团中培养特长。学生因"全"而厚实，学生因"特"而精彩。

高远志向，优雅之要。"我今方少年，志当存高远。"青少年应该在成长的过程中，逐步确立长远目标，逐步树立远大理想。高尔基说："一个人追求的目标越高，他的才力就发展得越快，对社会就越有益，我确信这也是一个真理。"诗人这样说："理想是石，敲出星星之火；理想是火，点燃生命的灯；理想是灯，照亮夜行的路；理想是路，引你走到黎明。"

具有高远志向的人，从某个角度说，就是有目标、有理想的人。校长当激励学生："目标正前方，成功正前方！""人生因理想远大而辉煌，未来因理想远大而精彩。"具有高远志向的学生，必有"天将降大任于斯人也"之愿，进而"静坐、喝茶、思过、锻炼、读书、弹琴、练字、明智、开悟、精进"，"优雅"地成长。

敬畏之心，优雅之需。朱熹说："君子之心，常怀敬畏。"人要有敬畏之心，敬畏什么？作为学生，至少要敬畏科学，敬畏法规制度，敬畏传统文化，敬畏道德，敬畏生命，敬畏自然。心有敬畏、行有戒尺，掌握好分寸、把握好自己，社会才会秩序良好，校园才能和谐美好。人一旦没有敬畏之心，往往就会变得肆无忌惮、为所欲为，想怎么来就怎么来，最终很可能会吞下自酿的苦果。没有敬畏，谈何优雅？

校长要传播这样的做人原则：有所"戒"才能有所"成"，有所"畏"才能有所"为"。心中有"戒"，心中有"畏"，这是做人之本，也是为学之道。有所"畏"，才能慎独慎微，才能"恶小而不为，善小而常为"。学养越深厚的人，越懂得敬畏。敬畏不是怯懦，更不是软弱，而是一种谦逊，一种胸怀，一种境界。

仪表得体，优雅之境。仪表包括精神面貌、仪容和言行举止三个方面。精神面貌，是学生形象的灵魂，也是学生言行规范的心理基础。没有它，就算有再端庄的仪容，再斯文和谐的举止，也不可能成为仪表优秀的学生。仪容，就是人的仪容风貌，即人的外貌和服饰方面的修饰。学生的仪容要"像学生"，要掌握一个恰当的分寸、尺度，做到衣着大方得体、方便使用。

一个学生的形象，不仅表现在他的容貌、衣着上，还表现在他的举止、谈吐、表情、态度上。这些一般仪表反映出一个学生的思想情操、意志、品德、人格、学识等，也是学生步入优雅之境的标志。校长要在上述方面指导学生做到"仪表得体"，还要自身和团队做出表率，男教师帅气潇洒，女教师清丽优雅，因为"榜样的力量是巨大的"。

>>> 18 >> 把握现代德育走势

现代教育就是以促进人的现代化为根本的教育,因此现代德育就要为促进人的现代化奠定思想品德基础,就是要使一代新人具有符合时代要求的思想素质,就是教给学生最基本的"做人"品质。

基于此,在中小学层面,从个人角度试探现代德育的几个走势。

第一,从一致到差异。

"一致"的德育是相对容易的,一致的德育课程,一致的德育读本,一致的德育活动,划一模式下的统一化、标准化、同步化的德育工作有一定的作用。但人的发展是有差异的,一致是相对的,差异是绝对的,我们的德育工作,还要从一致走向差异。

"尊重差异"是近年来倡导的教育理念,现代德育必将是建立在基于理解尊重学生差异基础上的德育,只有这样才能真正尊重学生的主体性,弘扬学生的主体性。

学生是发展中的人,学生的差异也不是一成不变的,学生在发展中会出现差异,我们的德育就要因"差异"而施教。"差异发展"也是时代倡导的教育理念,每个学生都有他们潜在的发展领域,我们的教育尤其是我们的德育就是要努力为学生更好地发展创造更为广阔的空间。

第二,从共性到个性。

共性的德育是必要的,抓住了共性,就抓住了德育工作的主要问题和主要矛盾,就能把握住德育工作的大方向。传统德育更多的是以共性为起点的德育,现代德育强调在关注共性的同时要更加关注学生的个性。

共性德育追求"齐步走",个性德育追求"散步走"。我以为,理想的德育应当是时而"齐步走",时而"散步走",追求共性与个性的统一。"齐步走"解决共性问题,"散步走"解决个性问题。

学生的个性,有优点也有缺点。"尺有所短寸有所长",我们的德育,就要

"扬长避短"或"扬长补短"。学生的个性就像"世上没有完全相同的两片树叶"一样，这既给德育工作提出了挑战，也为德育创新提供了广阔的探索空间。让学生"各造其极"，我们任重道远。

第三，从育形到育心。

许多学校都在抓学生的仪容仪表，强调学生的"形象美"。学生的良好形象，具有潜移默化的教育功能。学生表情得体、目光自信、健康阳光的健康之容，学生干净、得体、美观、自尊、自重、自爱的适宜之貌，学生坚贞乐观、挺拔气节、傲骨正气的性格之品，学生遵规守纪、庄重大度、合乎礼仪的行为之品，既是育形的内容，更是理想德育的追求。

但追求理想德育，还要走进学生的心灵。学生的心理世界是丰富的、广阔的，同时也是复杂的、烦恼的（成长中的烦恼）。有效的德育，就是要从育形走向育心，远离"育心"的德育，你会觉得"工作茫然"；深入"育心"的世界，你会觉得许多难题"迎刃而解"。现代学生是诸多矛盾的统一体，现代德育就是要关注学生的内心世界，特别是针对学生充满困惑和矛盾的心理特征，寻求"破解之策"。

第四，从有形到无形。

有形的德育是需要的，比如德育报告会、国旗下讲话、公益劳动、德育征文等，有形的德育至少有气势、有感染力、有影响力，风风火火，一次活动受益面大。

某校德育处组织学生到海滩上开展志愿活动——清理白色垃圾，该校校长却另组织一些教师有意在学校一进大门的校道上随意放些"白色垃圾"。校长和这些老师躲在暗处观望，观看志愿者学生返回学校时的情形。当志愿者学生"做完好事"从校外返回学校时，兴高采烈、浩浩荡荡地走在校道上，径直走回宿舍，竟没有一个学生弯腰拾起校道上的"白色垃圾"！所以在暗处观望的人惊呆了！问题究竟出在哪？

我们还要追求一种无形的德育——大教无痕。全校性的考前纪律教育是一种有形德育，班级里用"开始不作弊"猜数学名词"真分数"，就是一种无形的德育。于潜移默化里，在不知不觉中，让德育在学生无意之中渗透，实乃最高境界之德育。

第五，从理性到情感。

德育工作要讲"理"，"不以规矩，不成方圆"，学校的学生管理制度就是

"理"。许多时候，我们拿"理"去要求学生、去评判事件、去处理问题，从大道理说"是需要的"。但我想说，没有"理"的德育工作，"做不动"；仅有"理"的德育工作，"走不远"。

一位个矮的语文老师上课了，当他准备擦黑板时，发现黑板擦被"恶作剧"的学生放到黑板顶端木架上，个矮老师再跳也够不着，你若是这位语文老师，你会怎样和学生"论理"？可以告到班主任那甚至校长那；可以说"谁放谁拿下，否则不上课"，一场师生"僵局"可能发生。

这位语文老师就暂不擦黑板了，接下来讲课"科学设计板书"：减少一些板书量，把字写得小一点，在原有板书上"加工"，整节课上下来竟可以不使用黑板擦！快下课了，语文老师掏出手绢，一边总结课文一边擦着黑板，从左边擦到右边，擦着擦着竟然让许多学生红了眼圈。当语文老师还没有走到教室休息室时，三位"恶作剧"的男生主动当面认错。

语文老师没有和学生"论理"，他用什么打动学生？

第六，从封闭到开放。

学生的活动主要在校园内，在校园内开展德育活动是必要的、可行的。由于我们处在一个开放的时代，开放的社会呼唤开放的德育。"真空"是不利于学生成长的，让学生接触社会、了解社会、认识社会，进而立志改造社会，才能"让世界更美好！"

为了"安全"起见，有的学校，严禁校外活动，限制校内活动，严控活动范围；有的学校，传统的远足、郊游不组织了。消极安全观造成的后果是：学生体能低下，背离素质教育，泯灭学生天性，降低学生社会化程度。而积极安全观就是要辩证处理好如下关系：安全与发展的关系，小安全与大安全的关系，责任与非责任的关系，安全的"特殊"与"常规"的关系。对于可能涉及安全的活动，既不"冒险"前行，更不因噎废食，绝不能因"安全"而废了"教育"。

安全教育如此，德育工作亦然。

第七，从他主到自主。

教育的目的即实现人的自我教育，教育家苏霍姆林斯基说："促进自我教育才是真正的教育"。自我教育，通俗地讲，就是自己对自己的教育，它是一种很重要的德育方法。自我教育的主要形式有自我反省、自我评价、自我学习、自我锻炼、自我管理。

指导学生自我教育的基本要求：一是激发学生自我教育的愿望。二是要善于创设有利的道德情境，组织各种社会实践活动，去发展受教育者自我认识、自我激励、自我监督、自我控制、自我管理的能力。三是善于把个体的自我教育同国家、集体的教育有机地结合起来。

有研究表明，如果仅仅依靠班主任自身的努力，在一般情况下发挥其才能的预期值约占实际能力的60%，而成功的管理可使成员能力提高40%。成功的管理最重要的是学生的自主管理。要实现班集体学习和行为上的目标管理高度统一，并长期保持强的凝聚力、战斗力，就必须让学生自己管好自己，变"他控"为"自控"，达到"他控"与"自控"的辩证统一。

第八，从师长到师友。

今天的德育工作者应该是学生的朋友。不是说我们不再是学生的老师，而是说我们和学生的关系是"亦师亦友"，换句话说，我们在作为一个教师的同时，更应该成为学生的朋友。

时代的发展，学生的活跃，都将促使教师面临新的挑战。

作为"生之师"，教师应成为全面关心学生成长的"重要他人"。教师毕竟是教师，教师就要起到组织、引导、协调的作用，教师是"平等中的首席"。教师还要"身在其中，心在其外"。身在学生中，不能忘了自己的身份，要多了解德育工作的主要矛盾所在，了解学生的思想，掌握德育的现状。

作为"生之友"，教师就是要以民主、平等、公正的心态来开展德育工作，魏书生老师在这方面为我们树立了榜样。教育民主，平等待生，公正处事，这不仅是教育规律的内在要求，也是现代德育理念，同时也能强化学生的民主、平等、公正意识，有利于学生一生的发展。

>>> 19 >> 深入课堂

教学是学校工作的中心，课堂教学是教学的基本形式，校长工作应以教学工作为中心。深入课堂是校长抓教学管理的有效途径，走进课堂，掌握教情学情，才能更好地督促引导教学质量的提升。

陈玉琨教授曾经这样说："就中小学校长的专业技能而言，他们的组织能力、协调能力、社交能力明显高于以往的校长，但在指导课堂教学、学校课程编制等中小学校长区别于其他行业管理人员的核心技能方面，也就是中小学校长所具有的其他专业人员不可替代的能力方面还有待于进一步提高。"这句话反映出现在一些校长忙于杂务而忽视了课堂。因为不上课者有之，不进课堂的亦有之，长此下去，校长将自废"核心技能"之功。苏霍姆林斯基以他终生实践的经验告诫校长："一个有经验的校长，他所注意和关心的中心问题就是课堂教学。""校长有各种各样的工作，但应当把听课和分析课摆在首要地位。"

如此看来，无论校长有多忙，也应挤出时间深入课堂，贴近师生，贴近实际。

只有深入课堂，才能更好地掌握"教情"。教师的教学活动具有独特性，即教学素养的个体差异、教学风格的个体差异、对教学价值的个体偏好、对教学文本材料的个体理解等。正是因为存在这些不同，每位教师对国家课程及其载体——教材的处理必然打上自己的独特烙印。校长了解了"教情"，就可以在教学理念、教学艺术、教学机智等方面给以指导。

只有深入课堂，才能更好地了解"学情"。学情分析就是分析学生在学习方面有何特点、学习方法怎样、习惯怎样、兴趣如何、成绩如何等。学生学习的主动性和积极性被调动起来了吗？教师的教学过程，从以"教"为中心转变为以"学"为中心了吗？从知识的传授转变为学习能力的培养和提高了吗？从维持性学习转变为研究性学习和创新性学习了吗？

只有深入课堂，才能更好地了解"实情"。不深入一线，有些"情"就不一定是真实的。要了解实情，校长是要深入课堂的，而不是"浅入"。走进课堂，就是到教师中、到学生中、到活动中。要深入，就不能走马观花，就不能蜻蜓点水，就不能做做样子。要适度地"沉下去"，只有踏踏实实地"沉下去"，才能明明白白地"浮起来"。

只有深入课堂，才能更好地总结经验。一所学校的发展必定积累了丰富的实践经验，这些经验是学校的宝贵财富，这些经验是广大教职工创造性的成果，对这些"实践中的真知"，校长是要俯下身去"拾掇"的。深入到课堂中、师生中去，去发现和发掘那些原始的创举和生动的教育教学实践智慧，并将其发扬光大。

只有深入课堂，才能更好地发现问题。校长切实扑下身子，到可能存在教学问题的现场去，看看课改理念落地了吗？课程设置科学合理吗？教师的学养是一种什么状态？学生的学业负担还很重吗？这样才能发现真问题，也才能针对这些问题，和一线教师共商破解之策。校长切记："民意不可不听，民情不可不察，民智不可不聚。"

当课改步入"深水区"之际，校长深入课堂的意义就更大了。

课改进入"深水区"，表明课程改革向纵深发展，开始进入快车道，探索解决培养人的实质性问题了。如果不在课堂上突破，不在质量上突破，那么教育发展都是空的、假的。

课程改革的"深水区"一定在课堂。课堂教学的改革必定带来学校整体教育的革新，我们的管理理念、评价体系、文化建设都随之而变。课堂变革必定引发课程的革命，课堂永远是教育改革的龙头，只有揪住要害，繁杂众多的教育问题才会迎刃而解。

课改前行的时代，校长不深入课堂，下列课堂新观念和理想课堂的价值追求就无法真正体会到。

课堂新观念：课堂不是教师表演的场所，而是师生之间交往、互动的场所；课堂不是对学生进行训练的场所，而是引导学生发展的场所；课堂不只是传授知识的场所，而且更应该是探究知识的场所；课堂不是教师教学行为模式化运作的场所，而是教师教育智慧充分展现的场所。

理想课堂的价值追求是什么？理想课堂应实现传递知识的价值；理想课堂应实现探究创新的价值；理想课堂应实现具有人文精神的价值；理想课堂应实现交

流合作的价值；理想课堂应实现个性发展的价值；理想课堂应实现适应未来发展的价值。

校长深入课堂，要避免几个误区。一是无计划、无目的、无重点地听课，不是说随机听课不行，而是说不能太随机听课；二是从不预约，突然袭击式地"随堂听课"，课有瑕疵就批评一通，多少会伤害教师的自尊；三是自己"单枪匹马"去听课，不善于协调业务领导或学科骨干一同听课，"一言堂"评课不如"众议"；四是听课不细致、不到位、不深入，敷衍了事，泛泛而谈，听与不听一个样。

课前充分准备，目的明确；课中翔实记录，认真观察；课后客观评析，加强指导。可谓"走出误区"之道。

>>> 20 >> 重视"心育"

中学阶段,是人的一生最关键而最富有特色的时期,是人的一生中黄金时代的开始,也是身心急剧发展、变化的时期。如何度过人生路途的"黄金时期",是摆在每个中学生面前的人生课题,也是每位教育工作者义不容辞的职责。

要交上一份完美的人生答卷,我们所培养的中学生应是具备核心素养的未来社会公民。然而,在学生的成长过程中,还常常产生各种各样的烦恼。有的学生,学习不好又苦于没有良策;有的学生,与父母发生口角就愤然出走;有的学生,由于与同学相处不好而长期郁郁寡欢;有的学生,无端地自我否定而产生自惭形秽情绪;有的学生,对别人的优势心里不满而产生嫉妒、怨恨、恼怒心理;有的学生,因意志不坚强而造成学习失败,等等。学生的上述心理问题日益突出,且有随年龄增长而增加的趋势。这些心理问题严重影响着学生的全面发展,导致其不良心理品质形成。大量触目惊心的事例唤起教育工作者的责任感,开展心理教育已到了刻不容缓的地步。优秀校长往往会把心理教育作为一项重要课题来研究,并积极开展心理教育。

关于心理教育的界定,也有多种提法。这里给出一种提法:"心理教育是有目的、有计划地对学生施加直接或间接的影响,培养学生良好的心理素质,提高心理机能,充分发挥心理潜能,发展其个性的活动过程。"(陈安福主编,《心理教育》,四川教育出版社,1994年版)

心理教育的内容大致有:

开展心理健康知识普及教育,使之掌握心理卫生常识,增强自我心理保健能力,从而防治心理疾病、促进心理健康;进行人格塑造教育,使之学会修身养性,增强自我教育能力,从而矫正不良心理品质,促进个性完美、人格健全;进行智能开发教育,使之乐学、会学,增强自学能力,从而纠正不良学习心理习惯,促进智能提高;进行人际交往教育,使之学会交往、合作,增强人际协调能力,从而减少人际冲突,促进人际和谐;进行积极适应教育,使之学会主动适应各种变化，增强适应能力，从而避免适应不良，促进顺利适应；进行正当竞争教育，使之勇于且善于竞争，增强竞争能力，避免错误竞争，促进正当竞赛；进行挫折教育，使之学会应付刺激，增强心理承受力，从而避免行为失常，具备坚强的意志；进行情感调适教育，使之学会科学的心理调适，增强心理调适能力，从而避免心理失衡，培养积极情感；进行自律自理教育，使之学会自我约束、独立处事，增强自制自主能力，从而避免放任依赖，促进主动发展；进行科学认知教育，使之学会思考辨别，提高认识鉴别能力，从而避免错误认识，增强理智。

学校心理教育是心理教育的主要途径。学校是有计划、有组织地对学生进行系统教育的场所，学校心理教育既有必要也有可能。学校的心理教育，一是专职教师对学生进行系统的心理教育；二是班主任通过班级建设对学生进行心理教育；三是科任教师通过课堂教学对学生进行心理教育；四是学校开展各种活动（如心理训练、心理咨询、心理测验等）进行心理教育；五是构建有利于育心的校园文化环境与氛围。

家庭心理教育是心理教育的辅助途径。家长作为孩子的第一任老师，理应肩负起心理教育的任务，随时对孩子进行科学的心理素质训练和培养，构造有利于育心的家庭环境。学校和心理教育工作者，一方面需积极取得家庭的了解、理解、支持和配合，另一方面学校应根据学生家长的素质现状，通过举办家长学校，推荐、发放科学实用的心理指导材料，传授心理教育方法，提高家长的育心水平，促进学校心育和家庭心育的和谐发展。

社会心理教育是心理教育的补充途径。学生的学习活动，不仅受到学校和家庭的影响，也受到社会各方面的影响。构建社会心育大环境，主要是要净化社会风气，减少不良刺激，避免心理过激。在舆论宣传上为心理素质的培养与教育营造应有氛围。作为学校，一是要密切关注社会对学生可能产生的不良影响，争取有关部门的配合，净化学校周围小环境，尽可能消除不利于心育的因素；二是要充分利用社会有利因素去正面影响学生，促进学生健康成长；三是可借助社会心理咨询机构、医疗机构、辅导机构，对学生进行相应的咨询、辅导，对有明显心理障碍或疾病的学生进行治疗。

心理教育的实施路径，可用"一二四五六七"来描述。一开：开拓心灵提高素质；二教：教育与自我教育；四课：开设四门课，心理教育课、心理训练课、心理咨询课、心理测量课；五会：使学生会做人、会求知、会生活、会健体、会创造；六美：使学生达到心理因素美、心理结构美、心理过程美、心理发展美、心理内容美、心理表现美；七规则：对心理教育示范学校有七条评估规则，即有心育课专业的专职教师，有专职实验的机构，有心理教育实验室，有学生心理档案，有心理测量结果、心理咨询记录与心理教育实验相关的成绩评估，有学校领导参与实验并列入学校议事日程，有做好社会家长拥护心理教育实验的工作。

学生的心理世界是丰富的、广阔的，同时也是复杂的、烦恼的（成长中的烦恼），因此育人不能缺少"育心"。远离"育心"的教育，我们会觉得"工作茫然"；深入"育心"的世界，我们就会觉得许多难题"迎刃而解"。

21 理性抓好艺术教育

朱光潜先生有句名言,"不通一艺莫谈艺"。

我真的不通一艺,对艺术教育,也几乎没有什么研究。只好站在门外,就我所了解的艺术教育的现状,对艺术教育的走向问题作些理性思考。

第一,从"重技轻艺"走向"技艺并重"。

艺术教育不是一种单纯教授艺术知识和技能的技术教育,而是一种旨在提高学生艺术和人文素质的人文教育,它的最终目的是发展和完善学生的人格和人性。艺术教育不是不要培养艺术家,但更重要的是要挖掘人潜在的艺术能力,为他们将来成为全面发展、和谐发展的人奠定基础。

我以为,太注重艺术技能技巧的训练而忽视艺术的文化内涵熏陶的人,其"技"也长不了太久。没有"艺"的"技"是苍白的"技",没有"技"的"艺"是空洞的"艺"。

第二,从"教为主体"走向"学为主体"。

传统的艺术教育,常常以教师为中心,学生被动地接受知识,被动地欣赏艺术,加之教学方法单一,学生对艺术课的兴趣并不高,教学目的也就难以达到。

有的学校创立了"三转变、六激励"的课堂教学原则,即以"教师为主角"转变为以"学生为主角";以"学生听、看为主"转变为"以学生动手动脑为主";以学生"学会"转变为以学生"会学";以"激励质疑、激励争辩、激励联想、激励寻异、激励求真、激励创新",开展艺术教育活动,充分体现了"教为主导,学为主体,疑为主轴,动为主线"的教学策略。

第三,从"畸形发展"走向"全面发展"。

一位培训机构的负责人很清楚地记得,一次在一个艺术类考生的文化辅导班上,数学老师在黑板上写了常见的"π",没想到有学生举手问,老师,这个板凳是什么意思?下课后数学老师对这位同学说,以后不要再开玩笑。学生很认真地说:"我没有开玩笑,我从初一开始学舞蹈,一直学到高三,基本没上过文化课。"

走向畸形发展的艺术教育，摧残的不仅仅是艺术，更是教育和孩子。

没有"文化"的"艺术人才"，其"才"是有限的。只有"全面发展"的艺术人才，其"才"方为"实学"之真才。艺术教育的本质，应当是培养会艺术的全面发展的人。

第四，从"局部视野"走向"多元视野"。

我们的艺术教育首先要立足于本民族，因为"越是民族的，越是世界的"，纵观世界各国的艺术教育，都是建立在本民族艺术文化基础上的。

但仅有民族的是很不够的，也是狭隘的。艺术教育不能局限在本民族这个范围内，而要把视野放得更开放一些。课程改革中强调的"资源共享"，就是要开发和利用世界各民族的优秀的艺术文化。

我认为，艺术教育要在基于充分保护本民族的艺术文化的同时，广泛地吸收世界各民族一切优秀的艺术文化，开阔艺术教育视野，丰富艺术教育内涵。

第五，从"特色培育"走向"全员脱盲"。

由于种种原因，包括众多的艺术比赛和艺术展演，艺术教育无意中步入更加关注"特色培育"之路。在许多时候，"特色培育"的水平有取代"艺术教育"的水平之势。

我以为，"特色培育"应该建立在"全员脱盲"基础上，"特色培育"应更多地在艺术社团或课外活动中进行。"特色培育"可以推动和提高整个艺术教育的水平，也可以保护和培养艺术特长生的艺术兴趣和爱好，但追求"特色培育"不应成为培养艺术教育的主要目标，更不能成为唯一目标。

学校在艺术比赛或艺术展演获奖，可以体现学校艺术教育的水平，可以展示学校的艺术形象。但艺术教育应当回归本源，艺术教育的本源之一，就是让更多的人体验艺术的意蕴，让艺术属于更多的人，让更多的人感受到拥有艺术的世界是多么的灿烂美好！

第六，从"刺激感官"走向"融入心灵"。

《超级女声》这类选秀节目的异常火爆与《青歌赛》门庭冷落的局面，令我们尴尬和迷惑。

虽说艺术要"雅俗共赏"，只有"雅俗共赏"的艺术，才能得到普及和推广。但现实的情况是"俗"的那部分过于泛滥了，"俗"到"俗不可耐"了，而"雅"的那部分听众甚少，赏者也不多。

在大众艺术传媒的一些负面影响下，艺术教育工作者该怎么应对？

有位专家认为："音乐有两种，一种是奔人的感官而去的，另一种是奔人的灵魂而去的。显然经典音乐属于后者，而'超女'属于前者。"

我以为，我们的艺术教育，要尽可能让"俗"的艺术"俗"得得体；要尽可能让"雅"的艺术"雅"得引人。让更多的人走出"不善于识别真正的美而满足于浅薄的表面的漂亮"的误区，真正走向"融入心灵"的高雅艺术。

第七，从"艺术之内"走向"艺术之外"。

艺术教育工作者往往扑下身子抓艺术教育和教育艺术，这是敬业的表现，但也是有局限性的。艺术教育工作者，眼界，多在教育中；目光，多在校园里；视角，多在基础教育方面。

其实，外面的世界很精彩。就艺术教育课程而言，就有家长的，社区的，校际的，高校的，研究机构的，社会团体的，主管部门的，等等，皆可"为我所用"。

第八，从"功利之心"走向"陶冶身心"。

"艺考热"在中国的兴起，应该说并不是一件坏事。一种艺术能够走向民间、走向大众，也是人们物质生活日益丰富之后的一种精神追求。

在"艺考热"中，有人是真诚地热爱艺术的，有人则是出于功利之心；有人是真想得到艺术的熏陶，有人则是虚荣地攀比或盲目地跟风。

掺杂了太多功利之心的艺术教育，是难以走长远的；只有尽可能多地摈弃功利之心，追求艺术的熏陶与审美的启悟，艺术教育之路才能走得长远。

第九，从"小艺术观"走向"大艺术观"。

传统的艺术教育中有这样一种现象：一节音乐课，乐声有余而形象感染不足；一节美术课，静谧有余而活泼气氛欠佳。艺术教育缺少艺术的特点，往往让人感觉到艺术教育不"艺术"。

新课程改革有了一门"新课程"——艺术课，这就使基础教育阶段的艺术课堂发生了令人瞩目的变化：不仅音乐、美术、戏剧、舞蹈、影视、曲艺等不同艺术门类开始以生态的方式交叉和融合，而且美学、艺术批评、艺术史、艺术创造等不同领域间也开始相互渗透。

新课程让美术教师成为艺术教师，不就是一种"大"的体现吗？

第十，从"独特艺术"走向"综合艺术"。

艺术教育，不仅能"大"，而且还宜"综"。

事实上，艺术课程就是一门综合性很强的课程，但艺术课程之"综"，也不是各种艺术之间的简单叠加，更不能抹杀各种艺术的独特性，而是在人文主题的统领下，既充分发挥每类艺术的价值和个性，又寻求艺术的共性和规律，使各种艺术相互支撑、补充、融合和统一。

在美术教学中融入音乐内容，在音乐教学中融入美术欣赏，使这两种教学做到"声中有画，画中有声"的和谐统一，从而既有利于创设课堂教学的审美氛围，又有利于学生愉悦身心、激发灵感、发展思维和陶冶情操。

第十一，从"艺术教育"走向"艺术文化"。

艺术是传统文化的积淀经过人为的发挥开出的奇葩，是人类精神的延伸，是一种文化的传承。从精神层面来说，就是把艺术看作是文化的一个领域或文化价值的一种形态。

"文化"一词出现频率特高，《现代汉语词典》里这样解释："指人类在社会历史发展过程中所创造的物质财富和精神财富的总和，特指精神财富，如文学、艺术、教育、科学等。"

如此看来，我们完全可以这样说，艺术与文化之间的关系是非常密切的，文化包括艺术，艺术是文化的重要组成部分。事实上，艺术教育是很可以"文化"的。没有"文化"处理的艺术教育只是知识，缺乏文化内涵。理解一首乐曲、一个舞蹈，应将它们分别放在音乐、舞蹈发展的历史脉络中，揭示它们的历史联系和特点，使学生把所学的乐曲、舞蹈融入文化的历史长河中，得到文化的涵养。

艺术教师提升自身的文化内涵和走向文化自觉是教育发展的必然。具有文化使命的艺术教师，不仅"传道、授业、解惑"，而且具有一种鲜明的文化品格和表现出特有的文化担当。

第十二，从"传授知识"走向"激活课堂"。

我多次提到我的"教学层次论"，即层次1=传授知识，层次2=传授知识+能力培养，层次3=传授知识+能力培养+方法渗透，层次4=传授知识+能力培养+方法渗透+提升情感，层次5=传授知识+能力培养+方法渗透+提升情感+理念教学，层次5是最高层次。

艺术教育的误区之一，就是把艺术教育当成知识教育。这就大大削弱了艺术教育培养人感性能力的根本作用。

新课程背景下的艺术课程，主张根据学生的生活经验和心理发展特点选择和组织课程内容，充分考虑学生的兴趣、需要、情感、经验背景等方面。

我们真希望学校艺术课堂是没有讲台的课堂（有了讲台也视为虚设），让艺术教室真正成为学生的"学堂"。

艺术教师可以做个小实验：让班主任通知学生，说艺术老师有事，这节艺术课改为自习。你请班主任观察，学生是"一声叹息"，还是"欢呼雀跃"？

如果学生"欢呼雀跃"，你的课堂还是学堂吗？你的"艺术田园"还是乐园吗？

>>> 22 >> 体育教师发展思探

体育，我没有系统研究过，是没有资格在这里谈的，但又来谈了，是基于下面四个原因。一是我爱好运动，至今每周打两次篮球，游几次泳，和学校老师接触多，对体育有一定的了解；二是体育是非常重要的一门课程，"三分天下有其一"（"三好"有其一，"德智体"有其一），陈至立回一中时对我说："一中其他方面差点没关系，体育一定要好"；三是我觉得体育老师是一个特殊的群体，希望有更多的老师成为"体育专家"，虽曰有难度，但心向往之；四是体育教学完全可以，也完全应该在新课程背景下进入一个新的境界，跃上一个新的平台。

第一，体育教师与课程改革。

体育教师在课改中是要大有作为的。一些与高考密切相关的学科教师，在进行课改时，动不动就说："高考没有改，课改怎么改"，相对来说，体育在这方面的压力比较小，这就为体育课程改革创造了良好的基础。体育教师完全可以围绕"素质教育""健康第一""终身体育"的思想，按课标要求，在体育课教学、学生学习指导、课程资源的开发与利用等方面深入探索，形成厦门体育课改的特色，并使之逐步成为学校体育界的品牌。

第二，体育教师与素质教育。

不论谁谈素质教育，都离不开体育，都要涉及身体素质，因此体育教师也是素质教育的积极推进者。"唱唱跳跳"可以培养学生的某些素质，但素质教育不单是"唱唱跳跳"。体育教师要在超越"唱唱跳跳"的境界中去逼近素质教育的真谛。"健康第一"能否融入学生心灵，学生的"终身教育"意识如何培养，学生"自我体育"的主动性如何被唤醒，学生的差异我们该如何去关注和尊重，只有解决了这些问题，才能让不同的学生在体育方面都得到长足的发展。

学校在体育比赛中获奖，可以体现学校体育的水平，可以展示学校体育形象。但学校体育应当回归本源，学校体育的本源之一，就是让更多的人体验到运动的意蕴，让运动属于更多的人，让更多的人感受到拥有运动的人生是多么的灿烂美好!

第三,体育教师与团队精神。

TCL集团的团训是:"敬业、团队、创新",可以说这是一个企业成功的"三要素"。学校体育,同样需要这"三要素"。有了这"三要素",学校体育就能在紧张、高效、和谐、有序的状态下进行,就能一步一步地走向新的成功。马卡连柯说:"应该有这样的教师集体:有共同的见解,有共同的信念,彼此间相互帮助,彼此间没有猜忌,不追求学生对个人的爱戴,只有这样的集体,才能够教育儿童。"苏霍姆林斯基也这样说:"教师集体是大家志同道合地进行创造合作的团体,在这里,每个教师都能为集体的创造作出自己的贡献;每个人从集体的创造中吸取精神力量,同样也以精神力量去丰富自己的同志。"这两位教育大师的话,把教师团队精神的重要性说得何等透彻!

第四,体育教师与教育科研。

你要成为"体育专家",成为"体育名师",你就必须走"学者化"的道路,因为这是名师的成功之路。学者化的特征是:具有不凡的学术勇气;具有强烈的课题意识;具有执着的探究精神;具有全面的信息素养;具有较强的创新能力;具有丰硕的研究成果。至于怎么进行教育科研,许多书多有介绍。

事实上,研究——提升精神的高度;研究——保持思维的深度;研究——拓展知识的广度;研究——具备透视的远度;研究——追求探索的精度;研究——改变眼界的角度;研究——超越自我的气度。

第五,体育教师与教育创新。

"教育恒久远,创新每一天!"教育的出路在于改革与创新,学校体育的发展也在于改革与创新。建立在符合时代教育理念基础上的教育创新,是学校体育可持续发展的特色之一。唯有创新才能有所突破,有所超越,有所发展,大而言之,我们可以在体育教育观念方面创新,如体育教育个性化观念之创新,大体育教育观念之创新,终身体育观念之创新,体育国际化之创新。总而言之,我们可以在体育课程方面创新,地方课程、校本课程的建设就是我们创新的天地;小而言之,我们可以在体育课的教与学方面创新,可以在学生课余体育方面创新。

第六,体育教师与体育文化。

学校文化、教育文化是近年来教育的热点话题之一,学科文化也是积极跟进的一项研究热点,奥运会单单是运动会吗?厦门国际马拉松赛单单是马拉松运动吗?回答是否定的。其实,学校的运动会就是学校的文化盛宴。基于上述认识,我以为学校体育是很可以"文化"的。体育教师要自觉地成为体育文化的继承者、引领者、设计者、弘扬者和创新者，体育文化要从"自然混合型"走向"自主发展型"。健康美是学校体育的理想追求；体育——人的自我创造，体育——人际关系的建构，体育——力与美的追求和创造，体育——现代人的宗教，体育——巨大的经济力量和文化力量，体育——强调标准，体育——重要的教育方式，体育——提高人口质量的重要方法，等等，这些都可以成为体育文化的重要内容。

就学校体育文化而言，包括了学校体育意识文化、体育行为文化和体育物资文化。其中体育意识文化包括了体育意识、体育价值观、体育道德观等；体育行为文化表现在体育学习、科学锻炼、体育竞赛、体育制度、体育规范等方面；体育物资文化反映在体育建筑、体育环境、体育设施、体育服装等方面。我们可以围绕这三个方面，进行学校体育文化建设。

第七，体育教师与个人发展。

体育教师应该怎么发展？我以为，一要全面发展，仅仅知道体育是不够的；二要主动发展，名师成功的关键在于"自我"；三要充分发展，努力去取得更多"领域"的最大值；四要持续发展，"不要吃老本，要立新功"；五要专业发展，"学术有专攻"，这是你的"看家本领"，你必须精通它；六要特色发展，特色决定竞争力；七要跨越发展，时代为每个"有准备的人"创造了机遇；八要和谐发展，达到事业与家庭的和谐，奋斗与健康的和谐，学校发展与个人发展的和谐；等等。

>>> 23 >> 献计高考、中考

高考、中考，考试前夕往往是学生心理变化较大的时期，依我多年指导迎考的经验和体会，从五个方面给考生"三十六计"。

其一，关于考前动力。

第一计：挖掘潜能。不管学生现在情况怎样，都要让他相信自己还有巨大的潜能。人在关键时刻的进步是惊人的。

第二计：坚定意志。严格地讲，高考、中考其实就看谁笑到最后，能坚持到最后，就能笑到最后。而坚持到最后，就要求学生必须具有坚强的意志。我看过一组很好的"意志"标语：全力以赴，坚定你的意志；知难而进，磨砺你的意志；战胜惰性，提升你的意志；苦中作乐，优化你的意志。

第三计：调好心态。高考、中考不仅仅是知识和智力的竞争，更是心理的竞争。心态决定着你的成败，努力去识别学生最近的不良心态，并努力去改变，用积极的心态促进学生考试成功。

第四计：把握自我。复习时紧跟老师踏踏实实地复习没有错，但也不能完全忘了自我的存在。要有自我意识，如何适应老师的要求，如何根据自己的特点搞好最后阶段的复习，如何在"合奏"的前提下灵活处理搞"独奏"，等等。

第五计：战胜自我。把握自我，十分重要。但战胜自我，更为重要。面对迎考复习的艰辛，面对解题的繁难，面对竞争的压力，面对多变的情绪，只有"战胜自我"，才能"天宽地阔"。

其二，关于临考前的复习。

第六计：每日做题。考前要养精蓄锐，并不是说一直休息。相反，我以为每天还是要做些题的，不要让自己手生，要让自己保持对问题的敏感，形成模式识别能力。当然，做题的数量不能多，难度不能大。

第七计：一次成功。面对一道题（最好选陌生的中档题），用心去做，看看能否一下子就理出思路，一做就成功。一份试卷，若没能一次成功地解决几道

题，就往往会因考试时间不够而造成"隐性失分"。

第八计：讲求规范。每年高考、中考，都会有不少考生因答题不规范而丢分，非常可惜。建议考生找几道有评分标准的考题，认真做完整，再对照评分标准，看看答题是否严密、规范、恰到好处。

第九计：回到基础。一般说来，考前不宜攻难题，因为这既没有这么多的时间，也没有必要。要回到基础，把基础夯得扎扎实实的，这样在考试时才能做到"基础分，一分不丢"。

第十计：限时训练。可以找一组题（比如10道选择题），争取限定一个时间完成；也可以找一道大题，限时完成，等等。这样，主要是想创设一种考试情境，检验自己在紧张状态下的思维水平。

第十一计：激活思维。可以找一些题，只想思路，第一步做什么，第二步做什么……不必具体详解，再对照解答，检验自己的思路。这样做，有利于在短时间里获得更多的具有策略意义的解题方向，训练思维品质。

第十二计：勤于总结。应当把每一次练习当成巩固知识，训练技能、能力的好机会。练习题是做不完的，关键在于打好基础，勤于总结，寻找规律，一通百通。

其三，关于科学预防考试焦虑。

第十三计：适度平静。平时个性张扬的学生，在张扬的前提下，可稍平静一些；平时内向的学生，在平静中可略张扬一些。当然，都不要刻意追求，自然为好。一定压力下的平静是高考、中考超水平发挥的必要条件。

第十四计：适度自信。大考临近，我常对考生说："这里必须拒绝一切犹豫，这里任何怯弱都无济于事。"自信，是成功的起点；失去信心，必然导致失败。当然，平时考得好的学生，也不能过于自信，凭自己有点实力，就自以为是、盲目乐观。

第十五计：适度动机。动机过强和过弱，都不利于考试；动机适度，效率最高。尤其是期望值过高，容易导致考生紧张、忧郁、恐惧等，进而造成考试的失败。这就是说，期望要合理。

第十六计：适度运动。临考前夕，学生大都不爱运动，主要是学习紧张没时间运动。但我会鼓励学生根据自己的情况，适度运动，比如散散步、跑跑步、打一会儿球，或跳几分钟绳，或在阳台上做会儿操，等等。这样可以缓解紧张的神经，提高学习效率，保证考试时有一个健康的身体和清醒的大脑。

第十七计：适度交流。同龄人一起迎考，大家的情况都差不多，同学间适度交流，进行感情沟通，是十分重要的。同学之情对增强信心、减缓压力有很大的帮助。当然，考前时间宝贵，切不可"长谈"。除了和同学交流外，还可与老师、家长、亲友交流。

第十八计：充分准备。认真做好考前的复习和准备工作，注重知识的掌握和技能的训练，做到胸有成竹，心中不慌，从而预防考试焦虑。

第十九计：处变不惊。训练自己在面对变化的问题或学习的困难时，能冷静地进行分析、判断，采取科学的应对措施。比如，面对试题，要有"人难我难，我不怕难；人易我易，我不大意"之心态。

第二十计：防止过劳。考试临近，切忌搞疲劳战术，过度疲劳，容易引起身体和心理上的不适感，不利于考试时水平的发挥。

其四，关于考试焦虑的消除。

第二十一计：矫正担忧。考生把担忧逐一列出，会发现这些担忧往往具有夸大、缩小和不现实等特点，如认为自己不行，过分夸大缺点，看不到优点等。要学会正确辨析，对担忧做出合理的、积极的分析，以良好的心态参加考试。

第二十二计：自我暗示。利用暗示语句的强化作用，进行心理调节。暗示语要具体、简短和肯定。比如"说我行，我就行，不行也行""我早就准备好了，就等这一天了！"这样可以让大脑形成一个兴奋中心，可以抑制紧张情绪。

第二十三计：焦点转移。考前聚焦点集中在高考、中考上，可以适当转移到与高考、中考无关的事情上去。如，欣赏音乐、散步、与人交谈，也可以做深呼吸或大声唱歌、朗诵等。

第二十四计：系统脱敏。先把不同程度的使你焦虑的情景写下来，列表；然后运用想象，从程度最轻的情景开始想象，体验当中的紧张，同时暗示自己冷静；等自己不紧张的时候，开始进行第二种情景的想象，依此类推，直到在最令自己紧张的情景中想象也能镇定自若为止。

第二十五计：做操练习。做广播操或其他简易运动，让肌肉放松，可以缓解身心疲劳，缓解身心紧张，抑制焦虑程度。

第二十六计：科学补氧。通过口服补氧类保健品或氧吧补氧，使脑细胞和机体得到充足的氧供应，消除焦虑。当然，这要在医生的指导下进行。

其五，关于科学应考。

第二十七计：填写信息，稳定情绪。试卷一发下来，立即忙于答题是不科学的，应先填写信息，如在答题卡上涂清"试卷类型"，写清姓名和准考证号，等等，这样做不仅是考试的要求，更是一剂稳定情绪的"良药"。

第二十八计：总览全卷，区别难易。打开试卷，看看哪些是基础题，哪些是中档题，哪些是难题或压轴题，按先易后难的原则，确定解题顺序，逐题进行解答。力争做到"巧做低档题，题题全做对；稳做中档题，一分不浪费；尽力冲击高档题，做错也无悔。"

第二十九计：认真审题，灵活答题。审题要做到：一不漏掉题，二不看错题，三要审准题，四要看全题目的条件和结论。审题中还要灵活运用知识，发现和寻找简捷的解题方法。

第三十计：过程清晰，稳中求快。一要书写清晰，速度略快；二要一次成功；三要提高答题速度；四要科学使用草稿纸；五要力求准确，防止欲速不达。

第三十一计：心理状态，注意调节。考试中，要克服满不在乎的自负心理，要抛弃"在此一举"的负重心理，要克服畏首畏尾的胆怯心理。面对不同难度的试卷，调节好心理，积极应对。

第三十二计：尽量多做，分分必争。高考、中考评分，理科是按步骤、按知识点给分；文科是按要点给分。因此，考生在答题时，就要会多少，答多少，哪怕是一条辅助线，一个符号，一小段文字，都可写上，没有把握也要敢于写，千万不要将不能完全做出或答案算不出的题放弃不做。

第三十三计：抓住"题眼"，构建"桥梁"。一般难题都有个关键点（称之为"题眼"），抓住了"题眼"，问题就易于解决了。此外，还要利用相关的知识、规律、信息进行多方联系，构建"桥梁"，找出问题的内在联系，从而构思解题方案，准确、快捷地解决问题。

第三十四计：遇到易题，格外小心。易题，容易使人轻视，让人不注意题目的细微变化，不假思索顺手写来，可能铸成大错。所以有"容易题，容易错"的说法。要知道，题目对你容易，对别人也容易。在易题上得分与失分往往在于仔细与否。

第三十五计：思路暂塞，学会变通。考试时，熟知的知识、方法突然想不起来，这时要学会变通，一是换个角度或思路，从与题目有关的项目开始回想；二是利用本卷中其他题目中的信息；三是暂时放弃，换另一道题做，等情绪稍稳定，思路慢慢清晰时，再回过头来做，可能有意外的收获。

第三十六计：注意检查，减少失误。争取有一定的时间检查答卷，主要是检查题目是否被遗漏，是否弄错了题意，是否抄错了什么，尽量减少失误。对一些"疑似"答案等，尤其要注意检查。

>>> 24 >> 指导学科竞赛

学科竞赛的目的在于提高学生学习某学科的兴趣，推动课外活动的开展，促进学科教学的改革，从竞赛和培训中发现一些有特殊才能的学生，以便及时对他们进行培养和教育，并促进学科教育事业的进步和发展。

学科竞赛有利于发现人才和培养人才；有利于学科教学改革的深化；有利于学生素质和教师素质的提高；有利于发展学生的个性。学科竞赛还为教育科学、学习科学、心理科学、思维科学、人才学等多学科的研究工作积累了丰富的资料，促进这些学科的发展。因此有条件的部门和学校，有组织地适度地开展学科竞赛，是必要的也是可行的，它充分体现了因材施教的教育思想。

学科竞赛具有学科性、自愿性、实践性、探索性、灵活性、开放性和综合性的特点。根据学科竞赛的目的、意义和特点，校长可以和有关人员就学科竞赛学习指导活动，提出若干应遵循的原则。

第一，课内深化与课外指导相结合的原则。

课内深化就是要求在学科课堂教学中，指导学生在扎实掌握基础知识的基础上，适当在知识上加以拓宽，在能力上加强要求。课内深化能普遍提高学生的整体水平，为学科竞赛选拔人才创造条件，为学科竞赛指导奠定基础。课堂教学是面对全体学生的教学，不能一味拔高，因此学科竞赛还应组织有一定学科才能的学生进行课外指导，让他们系统地深入地学习学科竞赛知识和技巧，让他们的聪明才智得到充分发挥。

第二，立足平时与赛前强化相结合的原则。

学科竞赛的学习指导，首先要立足平时，从早抓起，做到"五定"：定时间、定地点、定内容、定学生、定教师。在平时学习指导中，应从知识内容上逐步拓宽，从能力要求上逐步提高，从解题技巧上逐步渗透，让学生扎实掌握学科竞赛的基本知识和基本技能。在赛前两三个月还应进行强化训练，尤其是进行综合解题能力、应试能力和心理素质方面的训练，让学生以最佳状态参加竞赛。

第三，打好基础与能力训练相结合的原则。

学科竞赛学习指导一定要要求学生扎扎实实地打好基础。倘若一味盲目拔高，一则难以维持学生学习的积极性，二则学生基础不扎实就谈不上能力的提高。但由于学科竞赛是一项高水平的智力竞赛，因此还应要求学生在打好基础的前提下，着力于培养学生的能力——培养学生观察、记忆、想象、思维、自学、创造、探索等方面的能力，全面提高学生的学科解题能力。

第四，小组活动与个别指导相结合的原则。

小组活动是学科竞赛指导的常见形式，它有利于学科竞赛指导系统地、全面地、深入地进行下去，为了让这些尖子学生"吃得饱，吃得好"，还应当对他们进行个别学习指导，或介绍学科竞赛学习方法，或推荐自学书籍，或增加练习，或另外安排辅导，或另请老师专门指导等，进一步提高他们的竞赛水平。

第五，教师指导与学生自学相结合的原则。

学科竞赛中，教师进行指导是十分重要的，这能在有限的时间内让学生系统地掌握有关知识，但教师指导毕竟时间有限，在有限的时间内学生是不可能最大限度地发挥他们的聪明才智，还要通过大量的自学活动，才能使学生的能力得到进一步的提高。一般说来，没有自学能力的学生，一般是不能在竞赛中取得优异成绩的。对学生自学活动的指导，开始时可以少一点，要求低一点，以后逐步提高。在自学活动的学习指导方面，教师还要介绍自学的方法，介绍自学用书，并经常进行检查、答疑，适当给予检测、评价、激励，这样就能使自学活动产生较好的效果。

第六，教师精讲与学生勤练相结合的原则。

学科竞赛中教师的指导应建立在精讲的基础上，精讲应在精心安排、精心准备、精选内容上进行。教师的精讲必须和学生的勤练相结合。这样才能使学生切实掌握和巩固知识，才能让他们获得一定的分析、解决问题的能力，才能使指导落到实处。有的学校的学科竞赛指导，讲座一个接着一个。光讲不练或少练，学生学得如何，教师并不清楚；有的指导教师虽然布置了练习，但没有检查，没有答疑，可想而知，这样的指导效果是很差的。

第七，通法指导与特法渗透相结合的原则。

"通法"是指解题的一般方法、通用方法；"特法"是指解题的特殊方法。学科竞赛中的解题指导，应以通法为主。因为通法运用面较广，能使问题的解答一般化，能使学生深刻认识一类问题的解答方法。由于学科竞赛题的特殊性，不少问题的解法往往很奇特，因此，学科竞赛解题指导还应十分重视特法介绍和训练，这样才能使学生灵活简捷地解决有关问题。

第八，激发兴趣与严谨论证相结合的原则。

学科竞赛问题往往是十分抽象和枯燥的，教师在学习指导时应不失时机地巧妙地将问题"引趣"，以引发学生的好奇心，让学生保持浓厚的学习兴趣，坚持学科竞赛的学习。但由于学科竞赛要求解题严密，因此，每道题都要严谨论证，教师应重视严谨论证的规范化训练，着力提高学生的解题素质。在学科竞赛指导中，人们倡导"问题应该引趣，但需严谨论证""可以胡思乱想，但须小心求证"，就是这个道理。

第九，规范训练与创造训练相结合的原则。

规范训练，就是要求学生在学科竞赛的学习中，要认真上好每一节课，作业要规范化、书写要规范化、计算要精确，实验要严格。这是学科竞赛学习指导的最低要求，是理所当然的，要力争达到。创造训练，就是要使学生在达到规范化要求的同时，还要使他们具有创造性的思维品质和个性，要培养他们在规范性解题的基础上发挥独立性与创造性，使他们能别出心裁地解题，创造性地完成作业和完成实验，标新立异地提出问题，成为学习与创造的佼佼者。

第十，理论学习与实际应用相结合的原则。

在学科竞赛学习指导中，应坚持学好系统的理论知识，但同时要使学生明白理论来源于实践，学理论是为了应用于实践和指导实践。应通过课内外学习指导活动，逐步培养学生具有将知识应用于实际的能力与习惯，让学生多参加一些小制作、小实验、小发明等实践性活动。鼓励他们写调查报告和具有实际意义的小论文。培养学生解决实际问题的技能技巧。要防止把竞赛人才培养成只懂理论、只会解题，不了解实际、不会解决实际问题的"书呆子"。近年来的学科竞赛问题已开始重视实际问题的介入，目的也在于此。

第十一，学校辅导与社会参与相结合的原则。

学科竞赛辅导主要靠本校教师进行，这是基本的也是比较容易实现的。本校教师容易组织，教师对学生情况较了解，有利于进行学科竞赛的学习指导。但由于学科竞赛的特殊性，学科竞赛的辅导还应借助社会力量来共同完成。可以聘请校外某些专家、学者来校开专题讲座，可以把辅导课开到大专院校中去，可以组织学生参加有关学科竞赛培训班。可以几个学校联合起来一搞"校际合作"辅导。还可以组织学生适当参加社会举办的能提高学生水平的学科竞赛，培养学生的应试能力，提高其竞赛水平。学校辅导与社会参与相结合，有助于解决学校师资不足、水平不高问题，能形成新的整体效应，这是许多学科竞赛先进学校的共同经验。

第十二，智力因素与非智力因素相结合的原则。

智力因素一般指注意、观察、记忆、想象、思维，非智力因素（狭义）一般指动机、兴趣、意志、情感、性格。在学科竞赛指导中，智力因素是十分重要的，它在学生分析问题、解决问题中起着核心作用，而思维能力又是核心的核心。因此，学科竞赛指导应不失时机地对学生进行全方位智力训练，培养学生高度的注意力、敏锐的观察力、高超的记忆力、丰富的想象力和广阔的思维力。但学科竞赛又应强调非智力因素的辅助作用，要培养学生，让他们具有远大的理想、浓厚的兴趣、顽强的意志、丰富的情感和刚毅的性格，并注意加强应试方面的心理训练。只有智力因素与非智力因素有机结合，才能使学生以极大的热情参加学科竞赛活动，并能使学生在学科竞赛中充分发挥水平，取得好成绩。

>>> 25 >> 忙闲有道

当校长确实很忙。

我在厦门两所最好的中学当了多年的校长,说当校长不忙,那是假话,但我觉得忙闲应有道。

欣慰的是,我的7年校长之旅,是艰辛之旅、探索之旅,也是收获之旅、发展之旅。学校各方面得到长足的发展,我本人也有新的成果。

所谓学校发展,说的是学校的办学质量全面提升,学校的文化建设更加完善,学校新校区建设如期完工,学校百年校庆成功举办,学校品牌追求成效凸显。

所谓我的成果,说的是我当校长这几年中,出版了《为发展而教育》等8部专著,主编了30余部著作,在《人民教育》《教育家》等杂志上发表140多篇文章。我是北师大兼职教授、教育部特级教师讲学团成员,利用节假日和参加学术会议之机,先后应邀为各类院校、学术团体讲学及上研究课300余场,受到好评。此外,还参加骨干教师国家级培训、教育部中学校长第26期培训班,读完了福建师范大学教育硕士研究生课程,读完了北京师范大学博士课程班课程。

读者可能会问,那你不是忙得不可开交吗?

非也,至少不像读者想象的那么忙。

上班时,我全身心地投入到学校工作中。下班后,我每周要打两个晚上的篮球,每次至少打两小时,其余五天都去游泳,每次至少游1000米,一个月至少打一次扑克,我是学校打"80分"高手之一,在市教育局"80分"大赛上夺冠。晚上一般能安排出许多时间或读书、写作,或沉思、发呆。NBA等体育节目我常看,《百家讲坛》也几乎看齐。双休日,我常常到新华书店去淘书,一淘就是半天。

球友问我:"看你和我们经常打球,怎么你打着打着就打出一本书来?"

忙乎?闲乎?忙闲之道何在?

我以为，忙闲之道在于：忙要理性地忙，闲要感性地闲。

忙要理性地忙，何解？

其一，对大事要事要有计划地"忙"。

学校大事要事不少，有计划就能有序地忙，就能忙出成效。比如，整个学年的工作计划，是大事也是要事，就要用心做好，就要舍得花时间去"忙"，要"忙"足"忙"够，"忙"出一个好的学年计划。又如，厦门一中百年校庆是大事，我在校庆倒计三年时，就列出一个一揽子计划，用一年时间供大家讨论、修改、充实、完善，在校庆倒计两年时，正式实施校庆计划，这样百年校庆活动在紧张高效中渐渐升温达到高潮，也因此，我们的百年校庆曾被许多领导称为"见到的最好的校庆"！

其二，对杂事难事要讲科学地"忙"。

学校工作杂事难事也不少，处理起来就要讲科学。比如，听课制度如何落实？以往是教研组长检查该学科教师的听课笔记，教务主任检查教研组长的听课笔记，副校长检查教务主任的听课笔记，校长检查副校长的听课笔记，要落实好这件事，既要耗去不少时间，又容易引发信任危机，还有一个问题是"谁来检查校长的听课笔记"？确实是件难事。后来，我们充分利用网络这个平台，在校园网上开设了"教研登记"栏，其中有一个"听课登记"，谁听了谁的课，就自己上网去登记，全校教师、学生、家长均可查阅，可以明里暗里"充分监控"，既节省了时间，又免除了"不信任"之嫌。

其三，对急事险事要靠团队来"忙"。

比如，厦门一中建设新校区是一件急事，每个单体建筑和整体建筑，都有时间节点，要征下四个工厂，要迁走百余住户，要勘探地质，要设计规划，要立项要筹款，要封顶要装修，要美化绿化，要设施到位，要设备安装，等等，我们有一个基建领导小组和一个基建监督小组，全面领导和监督整个基建工作。在全校教职工的共同努力下，用了两年时间，投入 2.6 亿元，我们在市区繁华地段建成占地 100 亩建筑面积 10 万平的新校区。又如，灾情险情来临时，我们有一个应急预案和一个"检索系统"，单子一拉，一个处理险事的团队产生了，一件险事就在这种"自动"生成的团队的应对和防范下处理好了。

闲要感性地闲，又何解？

其一，闲要积极地闲。

积极地休闲，既要以积极的心态进行休闲，也要积极创造条件进行休闲。学校老师结婚,特别期盼我参加,我也都尽可能参加,我觉得这是学校文化管理的一个重要内容。这件事,是忙还是闲呢?在我看来是闲!厦门婚宴说是晚上6点恭候,实则8点开始,我一般7:30到,此前的一段时间可以抓紧处理学校事务,或进行一些学术小研究。宴席前,可以和张老师聊教学问题,可以激励李老师带出尖子生,可以鼓励王老师进行课改实验。宴席中,几杯美酒,敬新人父母,敬一对新人,敬学校老师,敬新人的亲朋好友,浓浓的一中文化洋溢在美好的气氛中,这是何等的惬意,这是何等的闲适!

其二,闲要开心地闲。

闲,一定就开心吗?未必。一个人待在家里,若无所事事,也许会惹出烦恼来。我不善唱歌,但某些时刻你就是必须去,在那儿干坐一个晚上是很难受的,怎么办?我的策略是,别人唱我就轻轻地跟着哼,静静地欣赏,品悟着歌词,微笑着给予掌声。开心地与家人去逛街购物,权且看成是散步锻炼;开心地与女儿交谈,这是很好地缩短代沟的有效途径。

心情不好怎么办?我有我的策略:心情不好洗个澡,心情不好大声叫,心情不好去锻炼,心情不好找博导。厦门大学有一个心理学博导,是我多年的好友,特别会开导我。其实,我还有更绝的,就是心情不好就写稿,心情不好就去解一些有挑战性的数学题!

其三,闲要随机地闲。

随机的闲,是一种意识,一种习惯。去福州出差的途中,可以美美地睡上一觉,或静静地读一本书,我以为这是闲。飞机延误,可以择一静处,悉心阅读,岂不是意外的闲适?当然,身边的包里总是要放上几本书。当校长,少不了要参加兄弟学校的庆典活动,事前可以想一想有哪些人也可能会参加庆典活动,有些事可以利用这个机会进行沟通,还可以利用这个机会学习兄弟学校的办学经验和举办庆典活动的特色。参加庆典活动往往没有什么负担,何况还可以看一些演出,完全可以放松心情融入喜庆的活动中,这不也是一种休闲吗?

其实,理性之忙之余可以更好地感性于闲,而感性之闲之后亦可理性于忙。忙与闲是辩证的。

校长要善于解放自己。要努力实现从校长治校到制度治校的提升,再努力实现从制度治校到文化治校的跨越,让师生"自动自发",让学校自行运转,让学校管理从"有为"走向"无为"。

校长要学会放手。适度放手,是一种信任,是一种考验,也是一种无为而治。适度放手，不是完全不管，而是管住大的方面，管好原则性问题，管明近期要事，把握学校可持续发展方向。

最后，讲一个小故事，让读者再一次体验我的"忙闲之道"。

2003年，厦门一中高考取得优异成绩，厦门市文科、理科状元都在厦门一中，这是老师们充满信心、团结奋斗、科学迎考的结果，全校师生都非常高兴。适日，学校宴请了高三老师。席后，几位高三老师约我打牌，我应之。我向妻请假，妻不悦："你不是很忙吗？"我短信复之："忙中偷闲，忙里有闲，忙不忘闲，便可得半闲。闲时思忙日，闲不废志，闲中找事忙，便可得半忙。"妻："你总是有理。"看来她思想还未通，我又去一短信："有一诗人，写《一闲》诗云：'志士嗟日短，愁人知夜长；我则异其趣，一闲对百忙。'诗人是忙中取闲，闲中取静，静中有为。你知道是哪位诗人？"妻一时不明我之用意，忙问："哪位？"我得意回复："陈毅。"妻乐而不语。

主要参考文献

[1] 周成平.给校长一生的建议[M].南京：南京大学出版社，2010.

[2] 赵国忠.优秀校长最重要的标准[M].南京：南京大学出版社，2009.

[3] 周成平.魅力校长的修炼[M].南京：江苏人民出版社，2007.

[4] 赵国忠.校长最需要什么[M].南京：江苏人民出版社，2008.

[5] 赵国忠.校长最需要的心理学[M].南京：南京大学出版社，2009.

[6] 魏书生.如何做最好的校长[M].南京：南京大学出版社，2010.

[7] 谢中刚，张金豹.校长不可不知的管理效应[M].南京：江苏教育出版社，2012.

[8] 胡美山，李绵军.智圆行方——智慧校长的50项管理策略[M].重庆：西南师范大学出版社，2013.

[9] 宋运来.做有策略的校长——经典寓言与学校管理智慧[M].重庆：西南师范大学出版社，2010.

[10] 童学敏.名校行政管理的细节力[M].北京：九州出版社，2005.

[11] 沙培宁，柴纯青.学校管理者的五堂必修课[M].北京：教育科学出版社，2013.

[12] 顾泠沅，毛亚庆.校长的十二项专业历练：义务教育学校校长专业标准解读[M].北京：北京师范大学出版社，2015.

[13] 干国祥，魏智渊，罗登远.中小学校长通用管理100例[M].成都：四川教育出版社，2006.

[14] 刘贤昌.教育的灵性追求[M].成都：四川大学出版社，2016.

[15] 欧阳明.学习型学校论[M].成都：西南交通大学出版社，2005.

[16] 任勇.为发展而教育[M].北京：高等教育出版社，2009.

[17] 任勇.好学校之境[M].上海：华东师范大学出版社，2016.